ANÁLISIS

DE DATOS

PYTHON

La guía definitiva para aprender
Análisis de datos de Python

TABLA DE CONTENIDO

Introducción

¿Alguna vez has pensado en el análisis de datos? ¿Está buscando una excelente herramienta para usar en su análisis de datos? Pues usted ha venido al lugar correcto. Python es una de las mejores herramientas que puede usar para su análisis de datos por varias razones;

Flexibilidad

Si está intentando algo creativo que nadie ha hecho antes, entonces Python es la mejor opción. También es ideal para cualquier desarrollador que esté buscando un programa que les permita crear secuencias de comandos de sitios web y aplicaciones.

Facilidad de aprendizaje

Lo mejor que me encanta de Python es su legibilidad y simplicidad, lo que contribuye en gran medida a impulsar una curva de aprendizaje gradual y relativamente baja. Esto es precisamente lo que hace de Python una herramienta ideal para principiantes. También ofrece una amplia gama de programas que usan unas pocas líneas de código para realizar las tareas que tiene, especialmente cuando necesita usar un idioma anterior. Esto significa que pasará más tiempo jugando con él y menos tiempo y esfuerzo tratando con los códigos en sí.

Es de código abierto

Esto significa que Python es un programa de código abierto que también ha creado un valioso modelo basado en la comunidad. Está diseñado para ejecutarse en diferentes sistemas operativos que van desde entornos Windows a Linux. Lo bueno de este lenguaje es que puede portarlo fácilmente a una amplia gama de plataformas. Hay tantas bibliotecas de código abierto de Python como manipulación de datos, estadísticas, visualización, aprendizaje automático, matemáticas y procesamiento de lenguaje natural, entre otras.

Está bien apoyado

¿Sabías que algo que podría salir mal sale mal? Piénselo, si está usando algo por lo que no tuvo que pagar, ¿obtendrá la ayuda que necesita rápidamente? Bueno, la verdad es un NO definitivo.

Lo más afortunado con Python es que es ampliamente utilizado tanto en el ámbito académico como en el industrial. Esto significa que hay tantas bibliotecas analíticas a su disposición. Por lo tanto, si como usuario de Python, se queda atascado y necesita ayuda, puede obtenerlo rápidamente en los códigos, listas de correo y documentación aportados por el usuario de StackOverflow.

Cuanto más popularidad gana Python, más usuarios siguen aportando información sobre su experiencia con el lenguaje de programación. Esto también significa que tiene acceso a la información de soporte sin costo adicional. Lo que esto hace es crear una espiral de aceptación que se perpetúa a sí misma y que permite el crecimiento en el número de analistas de datos y científicos de datos. Esto explica la razón por la cual la popularidad de Python también está aumentando rápidamente.

Dicho esto, una cosa que es importante tener en cuenta es que Python no es un lenguaje demasiado complicado de usar. El precio es correcto y todo el soporte que necesita para asegurarse de que, mientras trabaja en su proyecto, no se detenga cada vez que golpea un obstáculo.

Capítulo 1

Análisis de datos

Puede estar pensando, "pero ¿qué es exactamente el análisis de datos?" Bueno, el análisis de datos se refiere a un conjunto de enfoques cualitativos y cuantitativos que uno usa para obtener información de sus datos. El análisis de datos implica que extraiga sus datos y suba un nivel más alto para categorizar esos datos para descubrir conexiones, patrones, relaciones y otras ideas valiosas de ellos.

Hoy en día, hay muchas organizaciones en una amplia gama de industrias en el mundo que se han transformado en compañías basadas en datos. En otras palabras, tales organizaciones están intentando todo lo posible para implementar un enfoque que les permita recopilar datos relacionados con los procesos, clientes y mercados de sus negocios. Es esta información la que luego se clasifica, analiza y almacena para que tenga mucho sentido e informe las estrategias para estar preparados para un mejor entorno empresarial.

Puede pensar que este término análisis de datos es tan simple, pero la verdad es que no es lo que piensa. Este término es el término más complejo que puede encontrar, especialmente cuando piensa en aplicaciones de big data. Los tres atributos más importantes de big data que debes tener en cuenta son;

- Velocidad

- Volumen

- Variedad

Entonces, ¿qué es exactamente la necesidad de análisis de big data? El análisis de datos surge de todos los datos que se crean a velocidades vertiginosas en Internet. Hoy, todos han abrazado el mundo digital y están viviendo una vida digital. Esta vida digital es lo que hará que los grandes datos crezcan aún más significativos, gracias al número cada vez mayor de personas que buscan conectarse con el resto del mundo. De hecho, según las estadísticas, se estima que al menos el próximo año se generarán al menos 1,7 MB de datos acumulativos por segundo. Estos son los datos que cada individuo conectó a través de Internet.

Todo el mundo contribuye.

Lo que esto significa es que los datos generados son demasiado grandes y, por lo tanto, justifica la necesidad de herramientas de análisis de grandes datos como Python para ayudar a dar sentido a todos los datos. Python organiza los datos, los transforma y los modela en función de todos los requisitos que tiene para identificar un patrón en los datos y luego extraer las conclusiones necesarias.

Confía en mí, a medida que aumenta la cantidad de datos que estás analizando, mayor es el problema. Esto significa que los grandes datos en sí mismos son la cantidad de datos que en sí mismos causan un gran problema y requieren nuevos medios para manejarlos. La buena noticia es que Python permite que tales datos grandes se analicen a gran volumen, velocidad y variedad. Permite analizar los datos para obtener información valiosa de ellos.

Es esencial apreciar el hecho de que el análisis de big data cambió todo, gracias a la incapacidad de los medios tradicionales de análisis de datos, como los sistemas de bases de datos relacionales y los almacenes de datos para manejar datos de gran tamaño.

En otras palabras, la era de los grandes datos ha cambiado drásticamente en los últimos años y también ha cambiado la forma en que se extraen los datos. Si miramos hacia atrás en el momento en que se utilizaron el sistema de bases de datos relacionales y los almacenes de datos, los administradores en ese momento generaron informes sobre el contenido de datos para los negocios con tanta facilidad. Sin embargo, el problema con este tipo de enfoque es que el informe no ofrecía mucha inteligencia comercial. Los almacenes de datos tampoco podían manejar la escala de big data y no eran rentables.

Tipos de análisis de datos

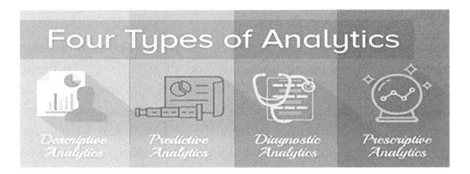

Analítica descriptiva

En este caso, trabaja en función de los datos entrantes. También requiere que cuando extraiga los datos, implemente análisis y presente descripciones que se derivan de estudiar los datos y cómo se ven.

Este es el tipo de análisis de datos menos popular que a menudo se usa cuando se intenta elaborar una metodología que ayudará a descubrir patrones que podrían ser de valor y conocimiento para la organización. Consideremos un ejemplo utilizando la evaluación del riesgo de crédito. Esto a menudo implica la probabilidad de que un cliente no realice el pago en función de su historial de crédito. La verdad es que considerará su desempeño financiero, sus aportes anteriores a los que la persona podría haberse acercado, su presencia en línea en cuanto a sus soluciones basadas en la web y otras plataformas como las redes sociales.

Analítica predictiva

Este tipo de análisis de datos garantiza que la ruta que utilice se pronostique para un futuro curso de acción. Esto también asegura que el dominio de big data se pueda implementar para futuras predicciones basadas en los datos actuales;

Por ejemplo, el despliegue de aspectos analíticos del ciclo de venta empresarial. Simplemente comienza con el análisis de la fuente principal, el tipo de comunicación, así como el número de canales de comunicación junto con el análisis de sentimientos a través del uso intensificado del algoritmo de aprendizaje automático. El objetivo principal es encontrar una metodología de análisis perfecta para cualquier empresa.

Analítica de diagnóstico

Se trata simplemente de mirar el pasado y luego descubrir por qué un evento o cosa en particular sucedió en primer lugar. Es este tipo de análisis que a menudo gira en torno a uno que trabaja en un tablero.

Este tipo de análisis se utiliza principalmente para un propósito específico, especialmente cuando uno está tratando de descubrir las razones por las cuales sucedió un curso de acción en particular. Por ejemplo, puede decidir crear análisis de diagnóstico que realicen una revisión de una campaña particular de plataforma de redes sociales. La intención principal es que encuentres la cantidad de menciones para una publicación específica, visitas a la página, cantidad de seguidores, fanáticos y reseñas. Todas estas métricas ayudarán a diagnosticar por qué ocurrió un evento específico en primer lugar.

Analítica prescriptiva

Este es el tipo de análisis de datos que habla de un análisis basado en recomendaciones y reglas al prescribir una determinada ruta de análisis en una organización.

Esto garantiza que se arroje más luz sobre varios aspectos del negocio para brindarle un enfoque más preciso de lo que debe hacer a continuación. En otras palabras, agrega mucho valor a cualquier empresa, gracias a su especificidad y nivel de precisión. Además, puede implementar análisis prescriptivos independientemente de las reglas y regulaciones basadas en la vertical de la industria.

Dicho esto, una cosa que es importante tener en cuenta es que el análisis de datos es un tema amplio, lo que también significa que las posibilidades que ofrece son inmensas. Debido a que ninguna organización puede quedarse sin datos inundados en esta época, el análisis de datos debe convertirse en una parte indispensable del ciclo de vida de los datos en cualquier organización. El hecho de que existan varios tipos de análisis de datos significa que las empresas con visión de futuro tienen la oportunidad de diseñar un camino más sólido para su éxito a través de los datos generados.

¿Qué compañías están usando Data Analytics?

Independientemente del tipo de industria en el que se encuentre, una cosa que atraviesa es el despliegue de una amplia gama de tecnologías y herramientas analíticas. Esto podría ser herramientas que puede utilizar para analizar datos o que permiten una fácil comprensión de la generación de imágenes de datos que le permite a uno dar sentido a los datos.

Hay muchas empresas digitales que utilizan las herramientas de análisis de datos que sirven como un arma clave en su arsenal. Algunas de estas empresas incluyen; Amazon, Microsoft, Facebook y Google, todos los cuales no pueden sobrevivir sin el uso de análisis de datos.

Por ejemplo, Amazon es bien conocido por implementar análisis para que te recomienden con los productos correctos. Esto a menudo se basa en los productos que compró anteriormente. También utilizan este tipo de datos cuando crean sus perfiles de clientes para ofrecerles mejores servicios. En otras palabras, el análisis de datos les ayuda a proporcionar a sus clientes una experiencia de usuario personalizada.

Por otro lado, una compañía como Facebook implementa análisis de datos para determinar de qué están hablando sus usuarios. De esta manera, pueden comprender mejor qué productos y servicios son adecuados para sus usuarios o qué les interesará a los usuarios. Debido a que esto también funciona en los anuncios, es necesario que conozcan el pulso de sus usuarios. Esto se logra garantizando que sus anuncios estén actualizados con respecto a la personalización, entre otros aspectos.

Por último, Google; Una empresa gigante que se encuentra en la carga madre de todos los datos sirve varios miles de millones de búsquedas cada día. Esto es lo que la convierte en la empresa más intensiva en datos del mundo. Debido a esto, el análisis de datos es bastante inevitable. Esto explica la razón por la que continuamente contrata a más y más científicos de datos.

Dicho esto, una cosa crucial que debe tener en cuenta es que el análisis de datos sirve como un aspecto vital que impulsa a algunas de las compañías más grandes. Es a través del análisis de datos que esas empresas pueden convertir sus datos en información significativa que los convierte en un ganador en este mundo hipercompetitivo. Tomemos, por ejemplo, Airbnb y Uber, que han interrumpido el negocio de la hospitalidad y el taxi, respectivamente. Para Uber específicamente, la razón que subyace a su crecimiento de $ 51 mil millones es la gran cantidad de datos que recopila y utiliza para informar su toma de decisiones, gracias al análisis de datos. Airbnb, por otro lado, ha estado utilizando análisis de datos para impulsar la experiencia del usuario. Estas dos organizaciones continúan prosperando con el poder de sus análisis de datos. Por lo tanto, si aún no está utilizando el análisis de datos, entonces está dejando que sus competidores lo golpeen sin problemas.

Diferencia entre análisis de datos y análisis de datos

El análisis de datos y el análisis de datos muchas veces se tratan como términos intercambiables. Sin embargo, son ligeramente diferentes en sus significados. El análisis de datos es una de las prácticas empleadas por el análisis de datos, e incluye el uso de herramientas y técnicas de análisis de datos para lograr los objetivos comerciales. El análisis de datos es un término amplio, y se refiere al proceso de compilación y análisis de datos para presentar sus hallazgos a la gerencia y ayudarlos a tomar decisiones. El análisis de datos es un subcomponente de la imagen más grande llamada análisis de datos, que utiliza las herramientas técnicas junto con las técnicas de análisis de datos.

Las herramientas de análisis de datos que utilizan los analistas de datos son Tableau Public, KNIME, OpenRefine, RapidMiner, NodeXL, Google Fusion Tables, Wolfram Alpha y Google Search Operators. El análisis de datos es un proceso en el que examinamos, transformamos y organizamos datos sin procesar de algunas formas específicas para generar información útil a partir de ellos. El análisis de datos permite la evaluación de datos a través del razonamiento lógico y analítico, y conduce a algún resultado o conclusión en un contexto. Es un procedimiento multifacético y contiene muchos pasos, enfoques y una variedad de técnicas. La ruta que tomará para el análisis de datos dependerá principalmente de los datos disponibles para su revisión y la razón para realizar el análisis.

El análisis de datos es la forma convencional de hacer análisis y se utiliza en varias industrias, como salud, negocios, seguros y telecomunicaciones, para tomar decisiones a partir de los datos y realizar las acciones necesarias sobre los datos. El análisis de datos se utiliza en organizaciones y diversos dominios para analizar datos y obtener información útil de los datos.

En análisis de datos, recopila los datos y los inspecciona en general. Tiene más de un solo uso, mientras que el análisis de datos significa la definición de datos, investigación, limpieza y eliminación de los valores de Na u otros valores atípicos en los datos y, por lo tanto, transformarlos para producir un resultado significativo. Para realizar el análisis de datos, debe aprender varias herramientas para poder tomar las acciones necesarias en los datos. Debe conocer Python, R, SAS, Apache Spark, Tableau Public y Excel. Necesita herramientas prácticas para el análisis de datos como KNIME, Open Refine mencionado anteriormente.

Somos conscientes de que el análisis de datos es el subcomponente del análisis de datos a más largo plazo. Por lo tanto, el ciclo de vida del análisis de datos también se incluye en el análisis de datos. Esto involucra,

- Recolección de datos

- Depuración de datos

- Análisis de los datos

- Interpretación de datos

El último paso le permite lo que los datos desean que diga.

Cuando intenta averiguar qué sucederá después, especialmente en términos de marketing, vamos al análisis de datos, ya que el análisis de datos ayuda a predecir las cifras futuras. Por otro lado, en el caso del análisis de datos, el análisis se realiza en el último conjunto de datos para comprender lo que ocurrió antes. Tanto el análisis de datos como el análisis de datos son necesarios para comprender los datos y ayudar a comprender las demandas futuras. Son útiles para realizar el análisis de los datos y echar un vistazo al pasado.

La interpolación y la extrapolación son dos principios importantes de análisis de datos. Interpolación significa echar un vistazo a los datos y, con base en los datos actuales, determinar cuáles eran los datos en el pasado.

Esto puede ser especialmente útil al realizar análisis de mercado y similares. La extrapolación es lo contrario; tomas los datos actuales y haces una suposición educada sobre lo que será en el futuro. En general, es el más utilizado de los dos, ya que las empresas están más preocupadas por el futuro que por el pasado.

Estas dos técnicas se dispersarán por su carrera, así que asegúrese de saber cuáles son las dos.

El uso de datos ha aumentado rápidamente en el pasado reciente, y una gran cantidad de datos se recopila en las empresas. Los datos pueden estar relacionados con negocios, clientes, usuarios de aplicaciones, partes interesadas o visitantes. Los datos se dividen y procesan para comprender, encontrar y analizar patrones. El análisis de datos se refiere a diferentes habilidades y herramientas que involucran métodos cuantitativos y cualitativos para recopilar datos para obtener un resultado que pueda utilizarse para mejorar la eficiencia, reducir riesgos, aumentar la productividad y aumentar las ganancias comerciales. Estas técnicas cambian de una compañía a otra según sus demandas.

El análisis de datos es una decisión especializada que toma una herramienta que utiliza diversas tecnologías como tableau public, KNIME, Open Refine, Rapid Miner, etc. Estas herramientas son útiles para realizar análisis exploratorios, y brindan una idea de los datos disponibles al usar, limpiar , modelar, transformar y visualizar los datos y proporcionar el resultado.

Comunicación de información valiosa

Una de varias herramientas diferentes que un analista de datos necesitará en su caja de herramientas para comunicarse y empaquetar sus ideas a los interesados. Esta habilidad tiende a ser una de las más subestimadas y olvidadas. Estar a punto de explicar la información de la ciencia de datos en términos simples es algo que llevará tiempo desarrollar. Vamos a ver varias formas diferentes de ayudarlo a comunicar ideas de manera efectiva.

Todo debe estar en términos comerciales

Una de las formas más fáciles de ayudar a su comunicación con sus partes interesadas es asegurarse de empaquetar el mensaje en términos comerciales que ya entiendan. Los analistas de datos tienden a entusiasmarse cuando es hora de hablar sobre los algoritmos que eligen, por qué fueron aceptados y varios diagnósticos. Puede ser sencillo descubrir cuán sorprendente es el recuerdo y la precisión del modelo de clasificación. Si terminas haciendo esto, terminarás perdiendo su atención porque probablemente no podrán relacionarse con este tipo de conceptos. En cambio, debe intentar reempaquetar los hallazgos en términos relacionados con el negocio. Aquí hay un ejemplo; supongamos que ha llegado a un modelo que predice cuándo un sitio de pozo de petróleo tiene un equipo que puede provocar el cierre de un sitio web. En lugar de continuar acerca de cómo ha logrado un puntaje de recuperación de .95, digamos que su sistema pudo detectar el 95% de las paradas del sitio causadas por un determinado equipo. Al reempacar su mensaje de manera que puedan entenderlo, podrá comunicar su concepto de manera que puedan comprenderlo de inmediato con una audiencia con mentalidad empresarial.

Enfatizar el valor

La siguiente clave importante para una comunicación exitosa es mostrar la importancia de los resultados comerciales. La parte interesada promedio de nivel C tiende a tener una breve capacidad de atención, y una excelente manera de perder su atención es evitar sus intereses comerciales. Mantengamos fuera el sitio del pozo de petróleo cerrado por este ejemplo. Ya les ha dicho que su sistema podrá predecir el 95% de las paradas del sitio causadas por un determinado equipo. En este punto, esto no significa nada para el negocio. Tal vez su sistema pueda predecir el 95% de los cierres, pero solo representa el 10% de todas las paradas. Podría ser que el costo por apagado causado por este equipo sea insignificante. Si enfatiza el posible valor comercial, ayudará a tranquilizarlos y mostrará la necesidad de análisis avanzados. Con este escenario, tendrá que hacer su debida diligencia para investigar lo siguiente: la cantidad de paradas que ocurren cada año, la proporción que es causada por este equipo, cuánto duran los eventos y cuánto costará el evento la organización en costos de reparación y producción. Cuando esté armado con esto, podrá abordar estas preguntas directamente mostrando la importancia que tiene para el estado actual de la empresa. También mostrará cómo puede mejorar su estado con su solución y qué significará la mejora en términos de finanzas. Tendrá más éxito al comunicar el valor de su análisis utilizando este tipo de enfoque que si les proporcionara un conjunto de diagnósticos de modelo donde no pueden ver el valor comercial.

Construya lentamente ideas complejas

Habrá momentos en los que sea necesario explicar un concepto complejo que es imprescindible que la audiencia comprenda. En una situación como esta, debe tomarse su tiempo para saber que el mensaje se entrega de manera efectiva y clara. ¿Qué significa esto? En lugar de darles un PowerPoint detallado donde no estén seguros de dónde buscar, intente dividir el concepto en pequeños fragmentos. Aquí es donde las llamadas de gráficos y las animaciones en su PowerPoint pueden ser muy útiles. Comience mostrándoles el concepto básico que desea obtener y luego comience a construir su historia lentamente para que la audiencia pueda seguirla. Esto lo ayudará a llevar a las partes interesadas clave para el viaje en lugar de arrojarles todo, para empezar, y el riesgo no es hacer su punto o perder la atención de alguien. Reconocer los nuevos conceptos desde el principio es vital porque le brinda la oportunidad de preparar estas explicaciones de antemano para que pueda enviar el mensaje la primera vez. Nunca está de más asegurarse de tener algunas diapositivas de respaldo cuando no está seguro de si el tema es nuevo para las personas de su audiencia. Si tiene la sensación de que las partes interesadas no lo siguen, podrá usar la diapositiva de respaldo para ayudar a explicar su concepto y luego continuar.

Sea exigente con sus conjuntos de datos antes de ir a The Stakeholders

Los analistas a menudo sentirán que tienen que usar todos los datos que tienen disponibles para tomar la mejor decisión estratégica. Sin embargo, si se enfrenta a partes interesadas sin antecedentes en datos, pueden verse abrumados con todos los números de conjuntos de datos imprecisos o conflictivos. Sus discusiones pueden terminar desviándose, y usted puede terminar hablando de comparaciones y validez entre conjuntos de datos. Para asegurarse de que esto no sea así, debe apuntar a un enfoque productivo. Las decisiones difíciles sobre el valor de un conjunto de datos deben recaer en el equipo de planificación, no en las partes interesadas. Para ayudar a que la reunión se mantenga encaminada, los planificadores deben haber hecho su tarea. Esto significa que ha elegido una pequeña cantidad de conjuntos de datos que coinciden con las preguntas guía mejor antes de comenzar a presentar a grupos grandes.

Para la credibilidad, cree el mejor equipo

Su equipo de planificación necesita tener más de una voz fuerte. Debe rodearse del equipo adecuado de analistas de datos para mejorar su credibilidad. Para crear el equipo adecuado , debe mirar a su equipo y a todos los departamentos. Ayuda a capacitar a su equipo de datos para que se comuniquen de manera efectiva. La mejor manera de ganarse la confianza de sus ejecutivos es tener comunicadores fuertes en su equipo de análisis. Para ayudarlos a desarrollar sus habilidades, ofrezca capacitación sobre las mejores prácticas para las presentaciones. También les ayuda a darles múltiples oportunidades de presentación para ayudarlos a refinar las habilidades de comunicación que han aprendido en el aula. Asegúrese de ser un campeón de datos en su equipo también. Si bien es esencial capacitar al equipo, también querrá recibir ayuda de personas que no pertenecen a su departamento. Trate de encontrar personas que tengan una excelente relación con su departamento, así como una gran comprensión del análisis de datos. Esta persona puede ser alguien en quien se apoye en el futuro por su experiencia.

Tener un médico lo ayudará, usted habla su idioma

Dependiendo de su línea de trabajo de análisis de datos, puede, en algún momento, presentarse ante profesionales de la salud. Esto significa que los médicos pueden contribuir de manera significativa a sus iniciativas, aunque algunas organizaciones no pueden comunicarse de manera efectiva con ellos. La forma en que presenta los datos a los médicos es tan importante como la forma en que presenta a las personas en los negocios.

Si presentara información específica del médico en dólares y volúmenes y no en porcentajes, podría ponerlos a la defensiva. Hace que parezca que tienen que cuantificar su valor en términos de la cantidad de dinero que ganan la organización. Intente mostrar una oportunidad de mercado direccional para no generar comparaciones entre las prácticas o los médicos.

Es útil contar con un médico como parte de su equipo de lluvia de ideas durante el proceso de planificación. Asegúrese de que esta vez se use con prudencia. No debe tener una sesión con un médico donde solo esté mirando los datos por primera vez. Deben participar en las primeras sesiones, pero asegúrese de que los datos que se utilizan estén enmarcados en una historia ajustada. Cuando lo haga, le permitirá aprovechar su pensamiento estratégico y su perspectiva.

Capítulo 2

Dentro del proceso de análisis de datos

Cuando se trata de proyectos avanzados de análisis de datos, una cosa que es importante tener en cuenta es que gran parte del trabajo a menudo ocurre de antemano. Esto es durante la recopilación, integración y preparación de datos y luego durante el desarrollo, prueba y revisión de modelos analíticos para garantizar que los datos generados sean precisos.

Este es a menudo el papel que juegan los científicos de datos entre otros analistas de datos. Forman parte de un equipo analítico que generalmente se compone de ingenieros de datos cuyo objetivo principal es ayudar a preparar los conjuntos de datos para el análisis.

El proceso de análisis de datos comienza con la recopilación de datos. Aquí, el papel principal de los científicos de datos es identificar la información requerida para una aplicación analítica dada. Después de lo cual, trabajan de la mano con los ingenieros de datos para garantizar que los datos se ensamblen para su uso.

Los datos que se derivan de varios sistemas deben combinarse mediante rutinas de integración de datos. En otras palabras, los datos se transforman en un formato estándar y luego se cargan en un sistema de análisis como una base de datos NoSQL y un clúster Hadoop, entre otros. En otros casos, el proceso de recopilación de datos a menudo puede consistir en extraer un subconjunto relevante de sus datos de una secuencia de datos sin procesar. Estos datos fluyen hacia Hadoop y se mueven a una partición separada en el sistema para que se realice el análisis sin afectar necesariamente todo el conjunto de datos.

Una vez que se ha establecido el conjunto de datos requerido, lo siguiente es determinar la calidad de los datos y luego solucionar el problema. Los problemas de calidad de los datos a menudo pueden afectar la precisión de las aplicaciones de análisis de datos. Esto puede implicar la limpieza de datos y la creación de perfiles de datos, lo que garantiza que la información contenida en el conjunto de datos es libre o errores, duplicados, y que mantiene la coherencia al tiempo que evita cualquier forma de eliminación.

Después de eso, preparamos datos adicionales que realizamos para organizar los datos y manipularlos para el uso planificado de análisis. En tal caso, las políticas de gobernanza de datos también se aplican para garantizar que los datos cumplan con estándares aceptables y se usen de manera adecuada.

Después de eso, esto marca el comienzo del trabajo de análisis de datos. El papel del científico de datos en este punto es garantizar que se les ocurra un modelo analítico utilizando el lenguaje de programación Python. Una cosa que es importante tener en cuenta es que el modelo se ejecuta inicialmente contra un conjunto de datos parcial para probar su precisión.

Por lo general, los datos se revisan y se prueban nuevamente. Este es un proceso denominado entrenamiento del modelo. Este proceso continúa hasta que se logra la función prevista. Finalmente, el modelo analítico se ejecuta en modo de producción utilizando todo el conjunto de datos. Esto es algo que se puede hacer al menos una vez al abordar una necesidad de información específica. También se puede realizar de forma continua a medida que los datos se actualizan constantemente.

Además, puede usar aplicaciones analíticas como Python para activar varias acciones comerciales automáticamente. Por ejemplo, una empresa financiera puede utilizarlo para activar las transacciones de acciones. Finalmente, la última etapa del proceso de análisis de datos es comunicar los resultados generados por el modelo analítico. Esto está relacionado con varias partes interesadas y entidades interesadas, como ejecutivos de negocios entre otros usuarios finales, para ayudarles a informar sus decisiones.

La comunicación de datos generalmente se logra con la ayuda de técnicas y herramientas de visualización de datos. Esto es lo que usa el equipo de análisis al crear gráficos y otras formas de infografías diseñadas para garantizar que el consumidor final de los hallazgos pueda comprender fácilmente. Es importante tener en cuenta que la visualización de datos, en la mayoría de los casos, se incorpora a las aplicaciones del tablero de instrumentos de BI que, a su vez, muestra los datos en una sola pantalla. Esto también se actualiza en tiempo real tan pronto como la nueva información esté disponible.

¿Quién está en el equipo de análisis de datos?

El equipo de análisis de datos está compuesto por analistas de datos, ingenieros de datos y científicos de datos.

Analista de datos

El analista de datos a menudo se considera un generalista cuyo papel encaja en muchas partes y equipos para garantizar que los datos terminen informando las decisiones tomadas. Su tarea crucial es entregar valor tomando solo los datos y usándolos para responder preguntas relevantes y finalmente comunicar los resultados a las partes interesadas relevantes y a los encargados de formular políticas para tomar decisiones comerciales.

Científico de datos

Un científico de datos es un especialista que aplica su experiencia en estadística. Este es especialmente el caso cuando se construyen modelos analíticos de aprendizaje automático que ayudarán a hacer predicciones y responder preguntas comerciales críticas. Un científico de datos tiene todas las habilidades que posee un analista de datos, pero tiene más profundidad y experiencia en esas habilidades. Esto es lo que les ayuda a descubrir ideas ocultas en los datos al aprovechar solo los modelos de aprendizaje automático supervisados y no supervisados.

Ingenieros de datos

La función principal de un ingeniero de datos es construir y optimizar sistemas para que el científico de datos y el analista puedan realizar su trabajo de manera eficiente. Específicamente, se aseguran de que los datos se reciban correctamente, se transformen, se almacenen y finalmente se hagan accesibles a varios usuarios. Una cosa importante a tener en cuenta sobre el ingeniero de datos es que se apoyan más en las habilidades de desarrollo de software.

Dicho esto, si se está uniendo al espacio de análisis de datos, un punto clave que debe tener en cuenta es tener un equipo de personas que puedan construir sus conexiones de datos, conocer sus datos y construir su almacén. En algunos casos, notará que no es necesario contar con un científico de datos en el equipo. En la mayoría de los casos, gastará mucho dinero pagando por un conjunto de habilidades que realmente no puede aprovechar tanto. No me malinterpretes; Los científicos de datos son esenciales. Sin embargo, si tienes un proyecto limitado, pueden perder su interés rápidamente, ya que son criaturas que continuamente necesitan nuevos desafíos.

Gerente de analítica

Al igual que cualquier otro equipo necesita un gerente, también lo necesita un equipo de análisis. El administrador de análisis también se conoce como el administrador de análisis de datos o el jefe de análisis. Sin embargo, si tiene un grupo de solo dos o tres personas, no tiene sentido tener un gerente. Por el contrario, si la unidad está compuesta por más de tres miembros del equipo, entonces se necesita un gerente.

Entonces, ¿cuál es el papel del administrador de análisis? Las responsabilidades principales aquí son administrar el almacenamiento de datos, así como las soluciones ETL. También deben priorizar proyectos en función de su retorno de la inversión (ROI). Esto explica la razón por la cual un gerente debe tener una sólida comprensión de los objetivos centrales del negocio.

El administrador de análisis también se encarga de proteger a los analistas de datos de ser abrumados con demasiadas solicitudes de informes y visualización. También se aseguran de que el equipo tenga todas las herramientas que necesitan para un entorno de trabajo y experiencia sin problemas. Por otro lado, son responsables de influir en la organización para garantizar que sus decisiones estén basadas en datos, lo que fomenta el análisis de autoservicio. Ofrecen instrucciones sobre proyectos de análisis prescriptivos y predictivos. Finalmente, se supone que deben ser mentores y brindar oportunidades de educación continua al equipo para que puedan seguir estando en la cima de su juego.

Dicho esto, si tiene un equipo ágil, puede ser necesario un Director de Análisis con varios líderes de equipo y no necesariamente gerentes. Personalmente, prefiero un equipo ágil con líderes y directores que sean responsables de supervisar a todo el equipo. Sin embargo, una cosa que debe tener en cuenta es que no hay una forma correcta de estructurar un equipo de análisis. Lo único que debe informar su toma de decisiones es el costo y ofrecer soluciones lógicas.

Pasos para un proceso eficiente de análisis de datos

¿Deseas incursionar en el mundo del análisis de datos? ¿Ya entendió de qué se trata el aprendizaje automático, la minería de datos y el análisis predictivo? Si no, entonces no se preocupe porque es por eso que este libro fue diseñado en primer lugar. A medida que avanzamos más en los temas de análisis de datos, ¡me gustaría que aprecies el hecho de que los datos son lo más importante!

Sin embargo, debes tener en cuenta que si el castillo está en ruinas, ¡todo el reino se ejecutará mal, incluido el rey! En tal situación, los datos se convierten en una ilusión de dirección cuando, en realidad, no tienen un impacto en la forma en que opera el reino.

La misma analogía se aplica cuando intenta aprovechar los datos para tomar decisiones organizacionales. Es esencial asegurarse de que el equipo de datos, las herramientas y todo el proceso estén sincronizados. De lo contrario, no hay forma de que sus datos generen información valiosa si no comparten una estrategia sólida.

Una pregunta que debe pasar por su mente es: "¿cómo establezco una base analítica sólida?" Bueno, aquí hay pasos esenciales que lo ayudarán a lograr eso;

Paso 1 Definir

Este es el primer paso que debe realizar para asegurarse de establecer un proceso de análisis de datos sólido. Definir significa que usted crea un marco métrico o de medición que asegurará que todas sus metas y objetivos comerciales estén en línea con los datos que está recopilando.

Lo más importante es que defina cuáles son sus objetivos inmediatos junto con los objetivos a largo plazo que pretende alcanzar. Comience por descubrir cuáles son sus puntos de datos relevantes. Pregúntese si informan sobre el desempeño organizacional actual y si apoyarán su evaluación comparativa en el futuro.

Además, es fundamental que tenga establecida una estrategia de gobernanza analítica. Esto implica una exploración en profundidad de todos los roles y responsabilidades que se ejecutan dentro de la organización, así como el compromiso de toda la organización en la implementación y el mantenimiento de las reglas que rigen la recopilación de datos, el análisis y la presentación de informes.

Tenga en cuenta que definir su marco de medición, así como la gobernanza analítica, ayuda en gran medida a trazar la hoja de ruta para un proceso de análisis eficaz. Por lo tanto, asegúrese de estar tomando el tiempo adecuado para establecer los objetivos para varios factores que le gustaría aprovechar en lo que respecta a sus capacidades de análisis. Además, es esencial que haga todo esto dentro de los recursos, los plazos y el presupuesto que posee.

Paso 2 Medida

Antes de rastrear y recopilar los datos, es fundamental que determine qué herramientas y plataformas le gustaría utilizar en su organización. Por lo general, estas herramientas y plataformas deben abarcar las soluciones de administración de etiquetas, análisis avanzados y visualización de datos, análisis e informes digitales y optimización.

Por lo tanto, es esencial que se asegure de que las herramientas que elija sean adecuadas para el proyecto en el que le gustaría trabajar. Esto garantiza que medirá los datos que ha recopilado de manera efectiva y eficiente. Es fundamental que las herramientas que haya elegido admitan el equipo interno con el que está trabajando y le permita administrar e integrar datos de una amplia gama de fuentes.

Recuerde, no hay manera de que zarpe sin bajar el ancla. En ese caso, asegúrese de implementar herramientas y seguimiento que le permitirán a usted y a su organización medir varios elementos que haya definido en el marco de análisis de datos para que pueda reaccionar de manera efectiva y objetiva a los hallazgos de sus datos.

Paso 3 Analizar

¿Sabía que extraer datos e informarlos es inútil? Bueno, confía en mí, no hay nada que una gran cantidad de datos informa sin ser analizado. Es a través del análisis de datos que su narrador de datos entra en juego. Es a través del intérprete que puede profundizar en sus datos para identificar anomalías, cambios y tendencias, entre otras cosas.

Una de las formas de análisis más útiles es la que tiene en cuenta más de una perspectiva, simplemente asegurándose de involucrar a los miembros del equipo de diversas disciplinas. En otras palabras, debe asegurarse de aprovechar tanto a los analistas técnicos como a los ingenieros de datos para manipularlos y transformarlos en conocimiento comercial relevante que pueda ser consumido. Es a través de tales colaboraciones que puede introducir en contexto el qué, por qué, dónde y cuándo, así como las preguntas de su conjunto de datos.

Debe asegurarse de que sea accionable independientemente de cómo analice los datos; ya sea en un tablero o informe. En otras palabras, antes de informar sobre un KPI específico, es fundamental que se pregunte si podría usar esa medida solo en la toma de decisiones en la organización. ¿Esa métrica funciona de forma independiente para decirle cómo se desempeñó? De lo contrario, puede ser necesario que regrese y revise su marco de medición.

Paso 4 Decidir

Ahora que ha decidido qué estrategia usar, midió los datos y logró analizar el desempeño de su organización, es hora de que elabore un plan de acción que lo ayude a tomar decisiones sobre los siguientes pasos a seguir.

El primer paso, en este caso, es reunir a un grupo de partes interesadas a quienes presentará los resultados de su análisis. Solo les ofrecerá observaciones junto con recomendaciones. De esta manera, es probable que su organización pueda realizar optimizaciones simples y reaccionar con una estrategia o iniciativa completamente nueva.

Si no sigue los primeros tres pasos que hemos discutido diligentemente, es probable que se encuentre atrapado en un aprieto tratando de identificar cuáles serían las ideas y recomendaciones clave. Por lo tanto, es esencial que establezca una base analítica sólida para que pueda informar con éxito sus decisiones comerciales utilizando sus datos.

Capítulo 3

Pasos para usar Python
para análisis de datos

Ahora que sabe de qué se trata el análisis de datos, es hora de que profundicemos más en cómo puede usar Python para el análisis de datos. Recuerde que el objetivo de escribir este libro no es entender de qué se trata el análisis de datos, sino poder utilizar Python para el análisis de datos. Aquí hay un proceso que deberá seguir;

Paso 1 Establecer un entorno Python para el análisis de datos

Una cosa que debe apreciar en este momento es que configurar un entorno de Python para el análisis de datos es algo muy simple. Uno de los medios más accesibles por los cuales puede comenzar esto es descargando el paquete gratuito Anaconda o siguiendo las pautas que proporcionamos en nuestra Guía para principiantes de Python .

Con el paquete Anaconda, es crucial apreciar el hecho de que comprende el lenguaje central de Python y otras bibliotecas esenciales como NumPy, Matplotlib, Pandas, IPython y SciPy, entre otras. Tenga en cuenta que hay tantas bibliotecas de ciencia de datos dinámicas que puede aprovechar al analizar sus datos.

Una vez que tenga su paquete instalado, puede iniciarlo y ver todos los numerosos programas que tiene. El más significativo de todos es el portátil IPython, conocido popularmente como el portátil Jupyter. Cuando inicie la computadora portátil, se abrirá el terminal y verá que su computadora portátil está abierta en su navegador.

Lo otro bueno es que este proceso de instalación no requiere una conexión a Internet. La razón por la que se usa el navegador es para servir como un gran entorno de codificación para sus tareas.

Repasemos algunas de las principales bibliotecas de Python que le recomendaría que use;

Numpy

Esto significa Python numérico. Es un módulo de extensión que a menudo ofrece funciones rápidas y precompiladas destinadas a llevar a cabo rutinas numéricas. De esta manera, está en una mejor posición para trabajar en matrices y matrices multidimensionales.

Una cosa que se dará cuenta al usar Numpy es que no es necesario escribir bucles al solicitar operaciones matemáticas estándar en todo el conjunto de datos. Sin embargo, es posible que no explore completamente sus capacidades y funcionalidades de datos con esta biblioteca, especialmente cuando se trata de un conjunto de datos complejo.

Matplotlib

Puede describir esto como un módulo de Python que juega un papel central en la visualización de datos. Por ejemplo, puede usarlo cuando desee generar elementos visuales como gráficos, gráficos circulares e histogramas. Además, puede usarlo cuando necesite personalizar cualquier otro aspecto de su figura.

El otro factor importante a tener en cuenta es que cuando lo usa dentro de IPython / Jupyter Notebook, puede aprovechar sus características interactivas, como el zoom y la panorámica. También ofrece soporte para una amplia gama de backends de interfaz gráfica de usuario (GUI) de todos los sistemas operativos. También está habilitado para proporcionar soporte para la exportación de formatos vectoriales y gráficos líderes.

Pandas

Este también es un paquete de Python que se compone de herramientas y estructuras de datos de alto nivel que desempeñan un papel importante en la realización de disputas y mung de datos de alta calidad. De hecho, a menudo están diseñados para permitir un análisis rápido y sin problemas de datos, manipulaciones, agregaciones y visualizaciones.

La ventaja de este paquete es que está construido con NumPy que hemos mencionado anteriormente, lo que facilita el aprovechamiento en lo que respecta a las estructuras de datos y los ejes etiquetados. De hecho, lo correcto con Pandas es que cuando le faltan datos, puede manejarlos fácilmente con Python para evitar la aparición de problemas comunes que pueden resultar de un conjunto de datos desalineados.

Ciencia

Este es un módulo de Python diseñado para álgebra lineal, estadística, integración y optimización, entre otras tareas que se realizan con frecuencia en la ciencia de datos. Lo bueno de este paquete es el hecho de que es fácil de usar y ofrece las manipulaciones de matriz N-dimensionales más rápidas y convenientes.

La funcionalidad principal de este paquete es que se basa en NumPy, y esto explica la razón por la que depende en gran medida de NumPy. SciPy ofrece una rutina numérica eficiente con la ayuda de sus submódulos específicos. Estas rutinas incluyen integración de datos y optimizaciones. Todas las funciones de su submódulo están bien documentadas, y puede acceder a ellas siempre que necesite aclaraciones sobre algo.

Pytorch

Esto se basa en la biblioteca de aprendizaje automático denominada Torch, que es una biblioteca de código abierto que se creó para los grupos de investigación de IA de Facebook. Si bien esta es una excelente herramienta para procesar el lenguaje natural, así como para realizar un aprendizaje profundo, también puede usarlo para la ciencia de datos.

Seaborn

Esto está altamente enfocado en la visualización de una amplia gama de modelos estadísticos. También utiliza principalmente Matplotlib como biblioteca principal. Una cosa que más me gusta de esta biblioteca es que cuando crea mapas de calor y otras gráficas estadísticamente perspicaces, ¡este paquete lo ayuda a lograrlo de manera predeterminada!

Esto se debe principalmente a que es capaz de comprender el marco de datos de Pandas, lo que le permite trabajar juntos de la mano. Lo único es que si está instalando Python usando Anaconda, no tendrá Seaborn dentro. Sin embargo, puede instalarlo fácilmente como un paquete independiente que funcionará bien con su programa Python.

Scikit-learn

Este es un módulo que está dirigido principalmente al aprendizaje automático incorporado en SciPy. Lo bueno de esta biblioteca es que proporciona un conjunto estándar de algoritmos de aprendizaje automático a través de su interfaz consistente que a su vez juega un papel crucial para ayudar a los usuarios a implementar sus algoritmos populares en sus conjuntos de datos rápidamente.

También tiene todas las herramientas que pueden realizar tareas cotidianas de aprendizaje automático, como agrupación, clasificaciones y análisis de regresión.

Paso 2 Adquiere los fundamentos y fundamentos

Hay muchas maneras en que uno puede aprender los conceptos básicos de Python. En nuestra Guía para principiantes de Python, hemos desglosado parte de la información necesaria que necesita saber en Python para un mejor rendimiento y uso en la ciencia de datos. También puede acceder a varios cursos en línea gratuitos y tutoriales en video con ejercicios de práctica que lo ayudarán a comprender los conceptos básicos de Python al participar activamente en todo el proceso de aprendizaje.

Paso 3 Conozca los elementos esenciales de los paquetes de Python para el análisis de datos.

Teniendo en cuenta el hecho de que Python es un lenguaje de programación de propósito general, puede usarlo más allá de sus necesidades de análisis de datos y ciencia de datos. Esto se debe principalmente a que está cargado con una amplia gama de bibliotecas de aprendizaje automático que hacen que este lenguaje sea bastante notable y útil cuando se trabaja con funcionalidades de datos complejas. Las bibliotecas importantes de Python incluyen las que hemos discutido en el paso 1 anterior.

Paso 4 Cargue un conjunto de datos para aprender con

Una de las mejores formas para que cualquiera pueda aprender un lenguaje de programación es usar un conjunto de datos de muestra para comenzar a trabajar simplemente. Cuando practique con un conjunto de datos de muestra, estará más abierto a aplicar nuevas técnicas a su conjunto de datos. También tiene la posibilidad de experimentar con varios métodos y conocer sus fortalezas y áreas de mejora.

Lo bueno de Python es que contiene un StatsModel que ya está cargado con un conjunto de datos que puede usar para practicar. Una vez que esté familiarizado con este conjunto de datos, puede cargar otros conjuntos de datos de la web o archivos CSV de datos organizativos anteriores recopilados.

Paso 5 Operar sobre los datos

Una de las habilidades más críticas en cuanto a la extracción de datos de Big Data es la denominada administración de datos. En algunos casos, se dará cuenta de que los datos sin procesar que tiene no son aplicables para el análisis.

Para que los datos estén disponibles para el análisis, es necesario que los manipule. Lo bueno de Python es que le ofrece una amplia gama de herramientas y bibliotecas que lo ayudarán durante la transformación, limpieza, formateo y moldeo de datos para un examen más detallado.

Es esencial que aprenda cómo funcionan las diversas bibliotecas mencionadas en el paso 1 para desarrollar su experiencia en la manipulación de datos.

Paso 6 Visualización efectiva de datos

Una cosa que es importante tener en cuenta cuando se trata de análisis de datos es que las imágenes son vitales. Este es especialmente el caso cuando realiza análisis de datos exploratorios y cuando comunica sus resultados a las partes interesadas. Para la visualización, Matplotlib es la mejor opción para elegir.

Paso 7 análisis de datos

¡Una cosa que la mayoría de las personas se equivoca es pensar que el análisis de datos se trata de formatear y crear gráficos y diagramas! Sin embargo, debe tener en cuenta que el aspecto central de la analítica son los algoritmos de aprendizaje automático, el modelado estadístico, las técnicas de minería de datos, así como la inferencia.

Con el lenguaje de programación Python, puede analizar sus datos utilizando todas las bibliotecas útiles cargadas en él y tener los modelos y algoritmos que son esenciales en lo que respecta al análisis de datos.

Dicho esto, es esencial que recuerde que si le va a ir bien en la ciencia de datos, necesitará cultivar ciertas habilidades técnicas esenciales. El enfoque principal debe estar en la práctica, la práctica y más práctica. Comience importando varios conjuntos de datos de una amplia gama de fuentes y comience a manipularlos. Utilice tantas operaciones como sea posible para obtener más experiencia y pericia en las diversas técnicas aplicadas.

Capítulo 4

Los principios del diseño de algoritmos

Los algoritmos son muy importantes; son la base misma de las computadoras y la informática. Su computadora puede estar construida con elementos de hardware, pero sin algoritmos, todo es una pérdida de espacio. La máquina de Turing es la base teórica de todos los algoritmos y esto se estableció muchos años antes de que incluso pensáramos en implementar una máquina como esa utilizando circuitos lógicos digitales. La máquina de Turing es un modelo que puede traducir un conjunto de entradas dadas en salidas, trabajando en un conjunto de reglas predefinidas, muy similar al aprendizaje automático de hoy.

Los algoritmos afectan nuestras vidas de más maneras de las que nos damos cuenta. Tome la clasificación de la página en los motores de búsqueda, por ejemplo. Estos se basan en algoritmos y permiten a cualquiera buscar rápidamente a través de grandes cantidades de información. Esto, a su vez, acelera la velocidad a la que se pueden hacer nuevas investigaciones, se pueden encontrar nuevos descubrimientos y con las que se pueden desarrollar tecnologías innovadoras.

Estudiar algoritmos también es esencial porque nos hace pensar en problemas de maneras específicas. Nuestras habilidades mentales se agudizan y podemos mejorar nuestras habilidades de resolución de problemas aprendiendo a encontrar y aislar los componentes centrales de un problema y definir la relación entre ellos.

En su forma más simple, un algoritmo no es más que una lista de instrucciones que se llevarán a cabo en secuencia. Piense en ello, en términos de Python, como una forma lineal de do x, luego haga y, y luego haga z. Sin embargo, podemos cambiar las cosas y hacer que estos algoritmos hagan más agregando sentencias if-else. Al hacerlo, la dirección que toma la acción depende de las condiciones que se cumplan, y luego agregamos operaciones, mientras que las declaraciones, las declaraciones y la iteración. Para expandir nuestro algoritmo un poco más, agregamos recursividad que a menudo proporciona el mismo resultado que la iteración a pesar de que son muy diferentes. Las funciones recursivas aplican la función a las entradas que se hacen progresivamente más pequeñas. La entrada de un paso recursivo es la salida del anterior.

Paradigmas de diseño de algoritmos

Existen tres paradigmas principales para el diseño de algoritmos:

- Divide y conquistaras

- Codicioso

- Programación dinámica

Tomemos estos uno a la vez. Dividir y conquistar se explica por sí mismo: el problema se divide en pequeños subproblemas y los resultados de cada uno se combinan en una solución general. Esta tiene que ser una de las técnicas más comunes para resolver problemas y es quizás el enfoque más común para el diseño de algoritmos.

Los algoritmos codiciosos implican la optimización y la combinación. En resumen, significa tomar el camino más corto hacia la solución más útil para los problemas locales, mientras se espera que en algún lugar todo conduzca a la solución global.

La programación dinámica es más útil cuando los subproblemas comienzan a superponerse. Esto no es lo mismo que el paradigma de divide y vencerás. En lugar de dividir el problema en subproblemas individuales, las soluciones intermedias se almacenan en caché y luego se utilizan en una operación posterior. Utiliza la recursividad como divide y vence, pero, con la programación dinámica, comparamos los resultados en diferentes momentos. Esto proporciona un impulso en términos de rendimiento para algunos tipos de problemas; puede ser más rápido recuperar un resultado anterior que volver a calcularlo de nuevo.

Retroceso y recursión

La recursión es increíblemente útil en términos de dividir y conquistar, pero puede ser difícil ver exactamente lo que está sucediendo; cada una de las llamadas recursivas deriva otra llamada recursiva. Hay dos tipos de casos en el corazón de una función recursiva:

- Caso base: esto le dice a la recursión cuándo debería terminar

- Caso recursivo: esto llama a la función en la que se encuentra el caso

El cálculo de factoriales es uno de los ejemplos más simples de un problema que resulta en una solución recursiva. El algoritmo factorial es responsable de definir 2 casos:

- El caso base donde n es igual a cero

- El caso recursivo donde n es más que cero. Aquí hay un ejemplo de implementación:

```
def factorial(n):
    #test for a base case
    if n==0:
        return 1
    # a calculation and a recursive call are made
    f= n*factorial(n-1)
    print(f)
    return(f)
factorial(4)
```

Cuando se imprime este código, obtenemos 1, 2, 6, 24. Para calcular el 24, necesitamos la llamada de los padres y cuatro llamadas recursivas. En cada una de las recursiones, se hace una copia de las variables del método y se almacena en la memoria. Cuando el método ha regresado, esa copia se elimina.

No siempre estará claro si la iteración o la recursión es el mejor resultado para un problema. Ambos repiten conjuntos de operaciones y ambos funcionan bien con divide y vencerás. La iteración continúa hasta que se resuelve el problema y la recursión lo divide en fragmentos cada vez más pequeños que combinan los resultados de cada uno. La iteración tiende a ser mejor para los programadores porque el control tiende a permanecer local en el ciclo; con la recursividad, obtienes una representación más cercana a los factoriales y otros conceptos matemáticos similares. Las llamadas recursivas se almacenan en la memoria; Las iteraciones no lo son. Todo esto conduce a compensaciones entre el uso de memoria y los ciclos del procesador, por lo que la determinación puede reducirse a si su tarea es intensiva en memoria o procesador.

Retroceso

El retroceso es un tipo de recursión que tiende a usarse más para problemas como el recorrido de las estructuras de los árboles. En estos problemas, cada nodo nos presenta varias opciones y debemos elegir una de ellas. Hacer eso lleva a más opciones; Dependiendo de las opciones elegidas, llegamos a un callejón sin salida o un estado objetivo. Si es lo primero, necesitamos retroceder a un nodo anterior y seguir una ruta diferente. El retroceso también es una especie de método de división y conquista cuando necesitamos realizar búsquedas exhaustivas. Más importante aún, cuando retrocedemos, eliminamos las ramas que no proporcionan ningún resultado. Mire este ejemplo de retroceso; Se ha utilizado un enfoque recursivo para generar todas las permutaciones posibles para una fuerza determinada de una longitud determinada:

```
def bitStr(n, s):
    if n == 1: return s
    return [ digit + bits for digit in bitStr(1,s)for bits in bitStr(n - 1,s)]
print (bitStr(3,'abc'))
```

Tenga en cuenta que tenemos dos llamadas recursivas y una compresión 'doble lista'. Esto da como resultado que todos los elementos de la primera secuencia se concatenen recursivamente con el retorno cuando n = 1. Cada uno de los elementos de cadena se generó en la llamada recursiva anterior.

Divide y vencerás - Multiplicación larga

La recursión no es solo un pequeño truco inteligente, sino que para comprender lo que puede hacer, necesitamos compararlo con enfoques como la iteración y debemos ser capaces de comprender cuándo usarlo para un algoritmo más rápido. En matemática primaria, todos aprendimos un algoritmo iterativo utilizado para la multiplicación de un par de números grandes. Ese algoritmo era una multiplicación larga que implicaba multiplicación iterativa y transporte, seguido de desplazamiento y suma.

Lo que queremos hacer es determinar si este procedimiento es realmente tan eficiente para la multiplicación de los números. Cuando multiplica dos números cada cuatro dígitos, se requieren no menos de 16 operaciones de multiplicación. Este método de análisis de algoritmos, en términos de cuántas primitivas computacionales se necesitan, es vital porque nos proporciona una forma de entender cuál es la relación entre el tiempo necesario para realizar el cálculo y el tamaño de entrada al cálculo. Lo que realmente queremos saber es, ¿qué sucederá cuando la entrada sea masiva? Llamamos a este tema análisis asintomático, también conocido como complejidad de tiempo, y es importante al estudiar algoritmos; hablaremos un poco sobre esto en el transcurso de esta sección del libro.

Un enfoque recursivo

En cuanto a la multiplicación larga, hay una mejor manera; Existen varios algoritmos para la operación más eficiente de multiplicar grandes números. El algoritmo Karatsuba es una de las alternativas de multiplicación larga más conocidas y se remonta a 1962. Este algoritmo adopta un enfoque muy diferente en lugar de la multiplicación iterativa de un solo dígito, multiplica de forma recursiva las entradas que progresivamente se hacen más pequeñas. Un programa recursivo se llamará a sí mismo en cada pequeño subconjunto de la entrada principal.

Para construir un algoritmo, necesitamos tomar un gran número y descomponerlo en números más pequeños. La forma más fácil es dividirlo en dos: la mitad con dígitos importantes y la otra con dígitos menos importantes. Por ejemplo, un número con 4 dígitos de 2345 se convertiría en 2 conjuntos de números, cada uno con 2 dígitos, 23 y 45.

Tomemos números de 2 n dígitos y escriba una descomposición general para ellos. Los números son x e y, y m es un número entero positivo con un valor menor que n:

$x = 10ma + b$

$y = 10mc + d$

We can now write the x and y multiplication problem like this:

$(10ma + b)(10mc + d)$

If we were to expand it and gather in like terms, we would get this:

$10mac + 10^2m(ad + bc) + bd$

A more convenient way of writing it would be:

$10^2mz2 + 10mz1 + z0$

Where:

$Z2=ac; z1=ad + bc; z0 = bd$

Esto sugiere que estamos usando la recursividad para multiplicar los números porque el proceso implica la multiplicación. Más específicamente, ac, ad, bc y bd tienen números más pequeños que la entrada, por lo que no es inconcebible que la misma operación se pueda aplicar como una solución parcial al problema mayor. Hasta ahora, el algoritmo tiene cuatro pasos recursivos (toda multiplicación) y aún no está claro si esto sería más eficiente que la multiplicación larga tradicional.

Hasta ahora, no hemos visto nada más que lo que los matemáticos han sabido durante años. Sin embargo, el algoritmo Karatsuba va un paso más allá y observa que solo necesitamos conocer tres de las cantidades para resolver la ecuación. Esas cantidades son z2 = ac; z1 = ad + bc y z0 = bd. Solo necesitamos saber cuáles son los valores de a, b, cyd , en la medida en que contribuyen a la suma total y los productos necesarios para calcular z2, z1 y z0. Esto genera la posibilidad de que podamos reducir la cantidad de pasos recursivos necesarios y, como resultado, podemos hacerlo.

Debido a que ac y bd ya se han reducido a su forma más simple, no podemos sacar estos cálculos. Lo que podemos hacer es esto:

$$(a + b) (c + d) = ac + bd + ad + bc$$

Cuando ac y bd, calculados previamente, se eliminan, nos queda la cantidad que necesitamos - (ad + bc):

$$ac + bd + ad + bc\text{-}ac\text{-}bc = ad + bc$$

Lo que esto muestra es que es perfectamente posible calcular ad + bc sin tener que calcular las cantidades individuales por separado. A continuación se muestra el algoritmo Karatsuba en una implementación de Python:

del registro de importación de matemáticas 10, ceil

def karatsuba (x, y):

El caso base para la recursividad

```
if x < 10 or y < 10:
    return x*y
```

#*sets n, que es el número de dígitos en el número de entrada más alto*

```
n = max(int(log10(x)+1), int(log10(y)+1))
# rounds up n/2
n_2 = int(ceil(n / 2.0))
```

agrega 1 si n es desigual

n = n si n% 2 == 0 más n + 1

divide los números de entrada

```
c, d = divmod(y, 10**n_2)
c, d = divmod(y, 10**n_2)
```

aplica los tres pasos recursivos

```
ac = karatsuba(a,c)

bd = karatsuba(b,d)

ad_bc = karatsuba((a+b),(c+d)) - ac - bd
```

realiza la multiplicación

return (((10 ** n) * ac) + bd + ((10 ** n_2) * (ad_bc)))

Solo para asegurarnos de que esto realmente funciona, hay una función de prueba que podemos ejecutar:

```
import random
def test():
    for i in range(1000):
        x = random.randint(1,10**5)
        y = random.randint(1,10**5)
        expected = x * y
        result = karatsuba(x, y)
        if result != expected:
            return("failed")
    return('ok')
```

Análisis de tiempo de ejecución

A estas alturas, debería estar claro que uno de los lados más importantes del diseño de algoritmos es medir qué tan eficiente es en términos de tiempo, o cuántas operaciones y memoria. El análisis de la cantidad de operaciones se llama Runtime Analysis. Hay varias formas de ejecutar esto y la más obvia no es más que una medición del tiempo que tarda el algoritmo en finalizar. Hay problemas con este enfoque; para empezar, cuánto tiempo demore depende de qué hardware se ejecute. Otra forma, independiente de la plataforma, es contar cuántas operaciones se requieren, pero esto también causa problemas, ya que no tenemos una forma definitiva de cuantificar las operaciones. Esto dependería del lenguaje de programación utilizado, el estilo de codificación y cómo optamos por contar las

41

operaciones. Sin embargo, podríamos usarlo de esta manera si lo combinamos con la expectativa de que el tiempo de ejecución aumenta a medida que aumenta el tamaño de entrada y lo hace de una manera específica. En otras palabras, que existe una relación matemática entre el tamaño de entrada (n) y el tiempo que tarda el algoritmo en ejecutarse. Hay tres principios que guían esto, y su importancia quedará clara a medida que avancemos. Primero, los principios:

- No hacer suposiciones sobre los datos de entrada que nos dan un análisis del peor de los casos

- Ignorar o suprimir los términos de orden inferior y los factores constantes: con entradas más grandes, los términos de orden superior serán dominantes

- Concéntrese solo en esos problemas con las entradas grandes.

El primero es muy útil porque nos proporciona un límite superior ajustado: se garantiza que el algoritmo fallará. El segundo se trata de ignorar cualquier cosa que no contribuya en gran medida al tiempo de ejecución, lo que facilita el trabajo y nos permite centrarnos en lo que afecta más el rendimiento.

Con el algoritmo Karatsuba, el cuadrado del tamaño de entrada aumentó, y también lo hizo el número de operaciones utilizadas para la multiplicación. Con un número de cuatro dígitos, usamos 16 operaciones y con un número de ocho dígitos, necesitamos 64. Sin embargo, no estamos tan interesados en cómo se comporta un algoritmo con valores n pequeños, por lo que ignoramos los factores que solo aumentan linealmente o humilde. En los valores de n más altos, las operaciones que aumentan rápidamente a medida que aumenta n serán las dominantes.

Hablaremos brevemente sobre el algoritmo merge-sort aquí porque es útil para aprender sobre el rendimiento en tiempo de ejecución. Este es uno de los algoritmos clásicos de hace más de 60 años y todavía se usa hoy en algunas de las bibliotecas de clasificación muy populares. Merge-sort es recursivo y utiliza divide y vencerás, lo que, como ya sabes, significa resolver un problema, ordenar las partes de forma recursiva y unir los resultados. Merge-sort es una demostración obvia de este paradigma de diseño de algoritmos.

Merge-sort tiene solo tres pasos:

- Ordena el lado izquierdo de la matriz de entrada de forma recursiva

- Ordena el lado derecho de la matriz de entrada de forma recursiva

- Fusiona las matrices ordenadas en una

Un uso típico es ordenar los números en orden numérico. Merge-sort dividirá la lista en dos y trabajará en cada lado en paralelo. Aquí está el código de Python para el algoritmo:

```
def mergeSort(A):
    #base case if the input array is one or zero just return.
    if len(A) > 1:
        # splitting input array
        print('splitting ', A)
        mid = len(A)//2
        left = A[:mid]
        right = A[mid:]
        #recursive calls to mergeSort for left and right subarrays
        mergeSort(left)
        mergeSort(right)
        #initializes pointers for left (i) right (j) and output array (k)
        # 3 initialization operations
        i = j = k = 0
        #Traverse and merges the sorted arrays
        while i <len(left) and j<len(right):
            # if left < right comparison operation
            if left[i] < right[j]:
                # if left < right Assignment operation
                A[k]=left[i]
                i=i+1
            else:
                #if right <= left assignment
                A[k]= right[j]
                j=j+1
            k=k+1
        while i<len(left):
            #Assignment operation
            A[k]=left[i]
            i=i+1
            k=k+1
        while j<len(right):
            #Assignment operation
            A[k]=right[j]
            j=j+1
            k=k+1
    print('merging ', A)
    return(A)
```

La forma más fácil de determinar el rendimiento del tiempo de ejecución es comenzar mapeando las llamadas recursivas en una estructura de árbol con cada nodo de árbol como una llamada que funciona en un subprograma cada vez más pequeño. Cada vez que invocamos merge-sort, recibimos dos llamadas recursivas, por lo que podemos usar un árbol binario para representar esto, con cada nodo secundario obteniendo un subconjunto de entrada. Para calcular el tiempo que tarda el algoritmo en terminar en relación con n, comenzamos calculando cuánto trabajo hay y cuántas operaciones hay en cada nivel de árbol.

Manteniendo nuestro enfoque en el análisis de tiempo de ejecución, en el primer nivel tenemos dos subproblemas n / 2; el nivel dos nos da cuatro, y así sucesivamente. Entonces, ¿cuándo llega la recursión a su caso base? Simplemente, cuando la matriz es uno o cero. Para llegar a un número que es casi uno, tomamos el número de niveles recursivos y dividimos n entre 2 tantas veces. Esta es la definición de log2 y, como el primer nivel recursivo es 0, el número de niveles es log2n + 1.

Vamos a refinar las definiciones. Hasta ahora, hemos usado n para representar el número de elementos en una entrada, refiriéndonos a cuántos elementos hay en el primer nivel recursivo, o la longitud de la primera entrada. Lo que tenemos que hacer es saber la diferencia entre la longitud de entrada inicial y la longitud de entrada en cada nivel recursivo. Para esto, usamos m, es decir, mj para la longitud de entrada en el nivel recursivo j.

El uso de árboles de recursión para el análisis de algoritmos tiene la ventaja de poder saber qué se hace en cada nivel recursivo. La definición del trabajo es el número de operaciones en relación con el tamaño de entrada. Debemos medir el rendimiento de un algoritmo de forma independiente de la plataforma, aunque el tiempo de ejecución dependerá del hardware. Es importante contar cuántas operaciones hay porque esta es nuestra métrica relacionada directamente con el rendimiento de nuestro algoritmo.

En general, debido a que recibimos dos llamadas recursivas cada vez que se invoca merge-sort, cada nivel tiene el doble de llamadas que el anterior. Al mismo tiempo, cada llamada está trabajando en una entrada que es la mitad del tamaño de su padre. Para calcular cuántas operaciones hay, debemos saber cuántas operaciones usa una fusión de dos sub-matrices. Mira el código de Python arriba. Después de las dos primeras llamadas recursivas, podemos contar las operaciones: tres asignaciones seguidas de tres bucles while. El primer ciclo tiene una declaración if-else y dentro de cada uno hay una comparación y una asignación: dos operaciones. Esto se cuenta como un conjunto y solo hay un conjunto en un if-else, por lo que este conjunto se llevó a cabo m veces. Los dos últimos bucles while tienen una operación de asignación, lo que hace un total de 4m + 3 operaciones para cada recursión de clasificación de fusión.

Como m tiene que ser al menos 1, el número de operaciones tiene un límite superior de 7 m. Esta no es una ciencia exacta; todo depende de cómo se cuentan las operaciones. No hemos incluido ningún incremento ni operaciones de limpieza, ya que solo estamos interesados en la tasa de crecimiento del tiempo de ejecución relacionada con n en los valores altos de n.

Todo esto puede parecer un poco desalentador porque cada llamada de una llamada recursiva se deriva en llamadas aún más recursivas y las cosas parecen explotar exponencialmente. Lo que hace que esto sea manejable es que las llamadas recursivas se duplican, las mitades del tamaño del subproblema. Estos se cancelan muy bien, como lo demostraremos.

Para calcular el número máximo de operaciones en cada nivel de árbol, el número de subproblemas se multiplica por el número de operaciones en cada uno de esos subproblemas, de esta manera:

2jx7 (n / 2j) = 7n

Lo que vemos aquí es 2jcancels cómo el número de operaciones que hay en cada nivel independientemente del nivel, lo que nos da un límite superior para trabajar. En nuestro ejemplo, es 7n. Este número incluye las operaciones que realiza cada llamada recursiva solo en ese nivel, no en ningún otro. A partir de esto, a medida que duplicamos las llamadas recursivas para cada nivel, y esto se contrarresta por la mitad del tamaño de entrada del subproblema en cada nivel.

Si quisiéramos saber cuántas operaciones hubo para un tipo de fusión completo, tomaríamos el número de operaciones por nivel y lo multiplicaríamos por el número total de niveles, de esta manera:

$$7n (\log 2n + 1)$$

Expansión que nos da:

$$7n\log 2n + 7$$

La clave a tomar de esto es que la relación entre el tamaño de entrada y el tiempo de ejecución tiene un componente logarítmico y, si recuerda sus matemáticas de la escuela secundaria, las funciones de logaritmo se aplanan rápidamente. A medida que x, una variable de entrada, aumenta de tamaño, entonces y, la variable de salida, aumentará en cantidades progresivamente más pequeñas.

Análisis asintótico

El rendimiento en tiempo de ejecución de un algoritmo se puede caracterizar de una de tres maneras:

- El peor de los casos: usar una entrada que es lenta para realizar

- Mejor caso: utilizando una entrada que nos da los mejores resultados

- Caso promedio: suponiendo que la entrada es aleatoria

Para calcular cada uno, debemos saber cuáles son los límites inferior y superior. Observamos el uso de expresiones matemáticas para representar el tiempo de ejecución utilizando operadores de multiplicación y suma. Para el análisis asintótico, necesitamos dos expresiones, una para el mejor y otra para el peor de los casos.

Big O Notation

La "O" significa orden y denota que las tasas de crecimiento se definen como órdenes de funciones. Podríamos decir que una función, T (n), es una gran O de F (n) y esto se define así:

T (n) = O (F (n)) si hay constantes, n0 y C de una manera que:

T (n) C (F (n)) para todos n n0

La función del tamaño de entrada n es g (n) y esto se basa en que todos los valores suficientemente grandes de n, g (n) están unidos por un múltiplo constante de f (n). Lo que queremos hacer es encontrar la tasa de crecimiento más pequeña igual a menos que f (n). Solo nos interesan los valores n más altos; la variable, n, representa el umbral; por debajo de eso, no nos interesa la tasa de crecimiento. T (n) es la función que representa F (n), el límite superior ajustado.

La notación que lee f (n) = O (g (n)) nos dice que O (g (n)) es un conjunto de funciones, dentro del cual se encuentran todas las funciones con tasas de crecimiento más pequeñas o iguales que f (n) . A continuación, se encuentran las tasas de crecimiento comunes de menor a mayor. A veces se les llama complejidad de tiempo de función:

Complejidad	Nombre de la clase	Ejemplos de operaciones
O (1)	Constante	obtener artículo, establecer artículo, agregar
O (log n)	Logarítmico	encontrar un elemento en una matriz ordenada
En)	Lineal	insertar, copiar, iterar, eliminar
nLogn	Lineal-logarítmico	ordenar por fusión, listas de clasificación

n2	Cuadrático	bucles anidados, encontrar la ruta más corta entre nodos
n3	Cúbico	Multiplicación de matrices
2n	Exponencial	retroceso

Clases de complejidad

Normalmente, estaríamos buscando el tiempo de ejecución total de varias operaciones básicas, pero parece que podemos tomar operaciones simples y combinar sus clases de complejidad para determinar la clase de operaciones combinadas que son algo más complejas. El objetivo es observar las declaraciones combinadas en un método o una función para encontrar la complejidad temporal de ejecutar múltiples operaciones. La forma más fácil de combinar clases de complejidad es agregarlas y esto sucede cuando las operaciones son secuenciales.

Digamos que tenemos un par de operaciones que insertan un elemento en una lista y luego proceden a ordenar la lista. Cuando se inserta el elemento, ocurre en el tiempo O (n) mientras que la clasificación ocurre en el tiempo O (nlogn). La complejidad del tiempo se puede escribir como O (n + nlogn). Sin embargo, debido a que nos estamos enfocando solo en el término de orden superior, podemos trabajar solo con O (nlogn).

Entonces supongamos que usamos un ciclo while para repetir una operación; tomaríamos la clase de complejidad y la multiplicaríamos por cuántas veces se realiza la operación. Por ejemplo, una operación que tiene una complejidad temporal de O (f (n)) se repite O (n) veces; ambas complejidades se multiplican de la siguiente manera:

$O(f(n)) * O(n) = O(nf(n))$

Let's assume that a function called f(...) has $O(n2)$ as a time complexity and it is executed in a while loop n times, like this:

```
for i n range(n):

    f(...)
```

Este ciclo tiene una complejidad temporal de O (n2) * O (n) = O (n * n2) = O (n3). Todo lo que hemos hecho es multiplicar la complejidad de tiempo de la operación por el número de veces que se ejecutó esa operación. El tiempo de ejecución de un ciclo no es más que el tiempo de ejecución combinado de todas las declaraciones en el ciclo multiplicado por las iteraciones. Suponiendo que ambos bucles se ejecutarán n veces, un solo bucle anidado se ejecutará en n2 tiempo. Por ejemplo:

```
para i en rango (0, n):

    para j en rango (0, n)

        # declaraciones
```

Cada una de estas declaraciones es una constante (c) que se ejecuta nn veces. El tiempo de ejecución se puede expresar como: cn n + cn2 = O (n2)

Para todas las declaraciones consecutivas en un bucle anidado, la complejidad de tiempo para cada una de las declaraciones se agrega y luego se multiplica por las iteraciones de la declaración. Por ejemplo:

```
n = 500    #c0

#executes n times

for i in range(0,n):

    print(i)   #c1

#executes n times

for i in range(0,n):

    #executes n times

    for j in range(0,n):

        print(j)  #c2
```

We can write this as $c0 + c1n + cn2 = O(n2)$.

Análisis Amortizado

A veces no nos preocupa tanto la complejidad del tiempo de una operación individual; a veces queremos saber cuál es el tiempo promedio de ejecución de una secuencia de operaciones. Esto se llama análisis amortizado y, como verá más adelante, no es lo mismo que el análisis de casos promedio porque no supone nada sobre la distribución de datos de ningún valor de entrada. Lo que hace es tener en cuenta el cambio en el estado de las estructuras de datos. Por ejemplo, ordenar una lista debería hacer que las operaciones de búsqueda sean más rápidas en el futuro. El análisis amortizado considera el cambio en el estado porque se analiza la secuencia de operaciones; no solo agrega operaciones individuales.

Lo que hace el análisis amortizado es determinar el límite superior en tiempo de ejecución y lo hace imponiendo cada operación en una secuencia con un costo artificial. Cada uno de estos costos se combina. Esto toma en consideración el hecho de que el gasto inicial de una operación puede hacer que las operaciones futuras sean mucho más baratas.

51

Cuando hay varias operaciones pequeñas que son caras, como la clasificación, y múltiples opciones que son más baratas, como las búsquedas, el uso del análisis del peor de los casos puede darnos resultados pesimistas. Esto se debe a que el peor de los casos supone que cada una de las búsquedas debe comparar cada elemento hasta que se encuentre una coincidencia.

Hasta ahora, hemos asumido que tenemos datos de entrada aleatorios y solo miramos cómo el tamaño de entrada afecta el tiempo de ejecución. Hay dos análisis de algoritmos más comunes que podemos observar:

- Análisis de casos promedio

- Benchmarking

El análisis de casos promedio toma algunas suposiciones sobre la frecuencia relativa de los diferentes valores de entrada y determina el tiempo promedio de ejecución. La evaluación comparativa es cuando se utiliza un conjunto de entradas previamente acordado para medir el rendimiento.

Ambos enfoques se basan en algunos conocimientos de dominio. Para empezar, necesitaríamos saber cuáles son los conjuntos de datos esperados o típicos. En última instancia, intentaremos mejorar el rendimiento ajustando a una configuración de aplicación que sea altamente específica.

Un enfoque directo de evaluación comparativa sería medir el tiempo que tarda el algoritmo en finalizar dados los diferentes tamaños de entrada. Esto depende completamente de en qué hardware se ejecuta el algoritmo; cuanto más rápido sea el procesador, mejor será el resultado. Sin embargo, las tasas de crecimiento relativas que vienen con los aumentos en las tasas de entrada conservarán las características del algoritmo y no la plataforma en la que se ejecutan.

Veamos un ejemplo de bucle anidado fácil. La complejidad del tiempo es O (n2) porque cada n iteración en el bucle externo coincide con la misma en el bucle interno. En nuestro ejemplo, tenemos una declaración que se ejecuta en el bucle interno:

```
def nest(n):
    for i in range(n):
        for j in range(n):
            i+j
```

A continuación, puede ver la función de prueba requerida para ejecutar la función de anidamiento con n valores que aumentan. Con cada iteración, podemos calcular el tiempo que tarda la función en completarse utilizando la función llamada timeit.timeit. En este ejemplo, la función toma no menos de tres argumentos: una representación de cadena de la función que se está cronometrando, un parámetro int que indica cuántas veces se ejecuta la instrucción principal y una

```
import timeit
def test2(n):
    ls=[]
    for n in range(n):
        t=timeit.timeit("nest(" + str(n) +")", setup="from __main__ import nest", number = 1)
        ls.append(t)
    return ls
```

Esto nos proporciona un resultado que esperamos. Tenga en cuenta que esto es representativo del rendimiento del algoritmo y la forma en que se comportan el software y el hardware. El rendimiento siempre estará sujeto a cosas como el procesador, las limitaciones de memoria, los procesos en ejecución, la velocidad del reloj y más.

Capítulo 5

Conceptos básicos de los pandas

La biblioteca Pandas tiene licencia BSD y es una biblioteca de código abierto que proporciona herramientas de análisis de datos de alto rendimiento y estructuras de datos fáciles de usar para el lenguaje de programación Python. Python junto con Pandas se utiliza en una amplia gama de campos que incluyen dominios comerciales y académicos como economía, estadística, finanzas y análisis. Antes de comprender Python, debe tener en cuenta los conceptos de matriz NumPy. Esto se debe a que Pandas se erige sobre NumPy. Pandas se utiliza para la manipulación, limpieza y análisis de datos. Es adecuado para varios tipos de datos como,

- Datos ordenados para series de tiempo
- Datos desordenados para series de tiempo
- Datos tabulares que tienen columnas heterogéneas.
- Datos de la matriz arbitrarias con filas ' y columnas ' etiquetas
- Datos sin etiquetar
- Otro tipo s de conjuntos de datos estadísticos o de observación

Instalar pandas

FoAl instalar Python Pandas, debe ir a la línea de comando o terminal y luego escribir "pip install pandas". De lo contrario, en caso de que tenga una anaconda instalada en su computadora, puede escribir "conda install pandas". Cuando termine esta instalación, vaya al IDE, que puede ser PyCharm o Jupyter, y simplemente impórtelo con el comando, "importar pandas como pd". Avanzando hacia el tema de Python Pandas, echemos un vistazo más de cerca a algunas de las operaciones se realiza

Operaciones en Python Pandas

Al usar Python Pandas, puede realizar muchas operaciones con marcos de datos, agrupar por, series o datos faltantes, etc. Algunas operaciones comunes utilizadas para la manipulación de datos son las siguientes:

Cortar marcos de datos

Fo realizar cortes en sus datos, necesitará un marco de datos. Sin embargo, no te preocupes por esto. El marco de datos es una estructura de datos 2D y es un objeto común de Pandas. Inicialmente, intentemos crear un marco de datos. Consulte el código posterior para su implementación utilizando PyCharm.

```
import pandas as pd

XYZ_web=   {'Day':[1,2,3,4,5,6],   "Visitors":[1000,   700,6000,1000,400,350],
"Bounce_Rate":[20,20, 23,15,10,34]}

df= pd.DataFrame(XYZ_web)

print(df)
```

Su salida es:

	Porcentaje de rebote		Día	Visitantes
1)				
2)	0	20	1	1000
3)	1	20	2	700

56

4)	2	23	3	6000
5)	3	15	4	1000
6)	4	10	5	400
7)	5	34	6	350

Este código anterior puede convertir un diccionario en un marco de datos de Pandas junto con los índices a su izquierda. Ahora cortaremos una columna específica del marco de datos. Hecha un vistazo a la imagen de abajo:

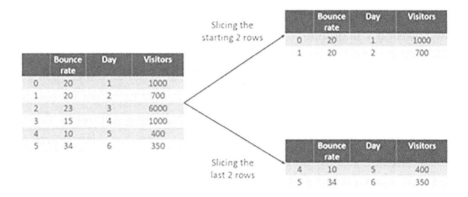

1 impresión (df.head (2))

Su salida es:

1)	Porcentaje de rebote	Día	Visitantes
2)	0 0	20	1	1000
3)	1	20	2	700

De la misma manera, en caso de que esté buscando las últimas 2 filas de datos, escriba el siguiente código:

1 impresión (df.tail (2))

Su salida es:

1)	Porcentaje de rebote	Día	Visitantes
2)	4 4	10	5 5	400
3)	5 5	34	6 6	350

Ahora, avanzando con el aprendizaje de los pandas, aprenderá acerca de la fusión y la unión.

Fusionándose y uniéndose

EnEn el caso de la fusión, fusionará 2 marcos de datos para crear un solo marco de datos. También puede decidir qué columnas desea hacer comunes. Primero implementará esto en la práctica. Inicialmente, desarrollará tres marcos de datos que tienen los mismos pares clave-valor. Luego, más tarde, fusionará estos marcos de datos. Mira el código a continuación:

1)	HPI	IND_GDP	Int_Rate
2)	0 80	50	2
3)	1 90	45	1
4)	2 70	45	2
5)	3 60	67	3

Su salida es así:

importar pandas como pd

df1 = pd.DataFrame ({"HPI": [80,90,70,60], "Int_Rate":
[2,1,2,3], "IND_GDP": [50,45,45,67]}, índice = [2001,
2002,2003,2004])

df2 = pd.DataFrame ({"HPI": [80,90,70,60], "Int_Rate":
[2,1,2,3], "IND_GDP": [50,45,45,67]}, índice = [2005,
2006,2007,2008])

fusionado = pd.merge (df1, df2)

imprimir (combinado)

Como puede ver en lo anterior, hay 2 marcos de datos que se han
fusionado en un marco de datos. De esta manera también puede
especificar la columna que desea hacer común. Por ejemplo, aquí la
columna HPI se hará común y para otras cosas optará por columnas
separadas. Implementemos esto prácticamente.

df1 = pd.DataFrame ({"HPI": [80,90,70,60], "Int_Rate":
[2,1,2,3], "IND_GDP": [50,45,45,67]}, índice = [2001,
2002,2003,2004])

df2 = pd.DataFrame ({"HPI": [80,90,70,60], "Int_Rate":
[2,1,2,3], "IND_GDP": [50,45,45,67]}, índice = [2005,
2006,2007,2008])

fusionado = pd.merge (df1, df2, on = "HPI")

imprimir (combinado)

Su salida es:

1)		IND_GDP	Int_Rate	Low_Tier_HPI	Desempleo
2)	2001	50	2	50,0	1.0
3)	2002	45	1	Yaya	Yaya
4)	2003	45	2	45,0	3.0
5)	2004	67	3	67,0	5.0
6)	2004	67	3	34,0	6.0

Ahora, intentemos aprender a unirnos en este capítulo de Python Pandas. Es un método simple para combinar dos marcos de datos indexados de manera diferente en un marco de datos de un resultado. Todo esto es bastante similar a una operación de "fusión" con la excepción de que esta operación de unión se realizará en el "índice" en lugar de en las "columnas". Veamos una implementación práctica,

df1 = pd.DataFrame ({"Int_Rate": [2,1,2,3], "IND_GDP": [50,45,45,67]}, índice = [2001, 2002,2003,2004])

df2 = pd.DataFrame ({"Low_Tier_HPI": [50,45,67,34], "Desempleo": [1,3,5,6]}, índice = [2001, 2003,2004,2004])

unido = df1.join (df2)

imprimir (unido)

Su salida es,

1)		IND_GDP	Int_Rate	Low_Tier_HPI	Desempleo
2)	2001	50	2	50,0	1.0
3)	2002	45	1	Yaya	Yaya
4)	2003	45	2	45,0	3.0
5)	2004	67	3	67,0	5.0
6)	2004	67	3	34,0	6.0

Como se puede observar en la salida del conjunto de comandos, el año 2002 no tiene ningún valor adjunto a la columna "Low_Tier_HPI" y lo mismo ocurre con el "desempleo". Por lo tanto, la salida ha impreso "No es un número" (NaN). Ahora, en el último caso de 2004, ambos valores están disponibles y aparecen en la tabla. Por lo tanto, se han impreso los valores respectivos.

Avancemos con el capítulo Python Pandas y comprendamos la concatenación de 2 marcos de datos.

Concatenación

ConcatenarLa acción es básicamente responsable de unir los marcos de datos. El usuario puede elegir la dimensión donde se realizará la concatenación. Para esto, puede usar "pd.cocat" y pasar la lista de marcos de datos a la concatenación. Mira el ejemplo a continuación ;

df1 = pd.DataFrame ({"HPI": [80,90,70,60], "Int_Rate": [2,1,2,3], "IND_GDP": [50,45,45,67]}, índice = [2001, 2002,2003,2004])

61

df2 = pd.DataFrame ({"HPI": [80,90,70,60], "Int_Rate": [2,1,2,3], "IND_GDP": [50,45,45,67]}, índice = [2005, 2006,2007,2008])

concat = pd.concat ([df1, df2])

imprimir (concat)

El resultado de esto es:

1)		HPI	IND_GDP	Int_Rate
2)	2001	80	50	2
3)	2002	90	45	1
4)	2003	70	45	2
5)	2004	60 60	67	3
6)	2005	80	50	2
7)	2006	90	45	1
8)	2007	70	45	2
9)	2008	60 60	67	3

Como se puede observar en la salida anterior, los dos marcos de datos se unen en un solo marco de datos. El índice comienza en el año 2001 y continúa hasta 2008. El siguiente paso es especificar axis = 1 para unir, fusionar o concatenar junto con las columnas. Consulte el siguiente código, *df1 = pd.DataFrame ({"HPI": [80,90,70,60], "Int_Rate": [2,1,2,3], "IND_GDP": [50,45,45,67]}, índice = [2001, 2002,2003,2004])*

df2 = pd.DataFrame ({"HPI": [80,90,70,60], "Int_Rate": [2,1,2,3], "IND_GDP": [50,45,45,67]}, índice = [2005, 2006,2007,2008])

concat = pd.concat ([df1, df2], eje = 1)

imprimir (concat)

Su salida es:

1		HPI	IND_GDP	IND_GDP	HPI	IND_GDP	Int_Rate
2	2001	80,0	50,0	2,0	Yaya	Yaya	Yaya
3	2002	90,0	45,0	1,0	Yaya	Yaya	Yaya
4	2003	70,0	45,0	2,0	Yaya	Yaya	Yaya
5	2004	60,0	67,0	3,0	Yaya	Yaya	Yaya
6	2005	Yaya	Yaya	Yaya	80,0	50,0	2,0
7	2006	Yaya	Yaya	Yaya	90,0	45,0	1,0
8	2007	Yaya	Yaya	Yaya	70,0	45,0	2,0
9	2008	Yaya	Yaya	Yaya	60,0	67,0	3,0

Como puede ver en el resultado anterior, hay varios valores faltantes en la tabla de resultados. Esto ocurre cuando los marcos de datos no tienen valores para los índices que desea concatenar. Por lo tanto, debe asegurarse de tener toda la información alineada correctamente si concatena o se une en el eje.

Cambio de índice

Ahora La siguiente parte del tutorial de Python Pandas es aprender cómo cambiar los valores de índice para el marco de datos. Por ejemplo, desarrollemos un marco de datos que tenga algunos pares clave-valor dentro de un diccionario y alternemos los valores del índice. Ahora, eche un vistazo al siguiente ejemplo. Solo mira cómo funciona esto realmente,

importar pandas como pd

df = pd.DataFrame ({"Día": [1,2,3,4], "Visitantes": [200, 100,230,300], "Bounce_Rate": [20,45,60,10]})

df.set_index ("Día", inplace = True)

imprimir (df)

El resultado es:

1)	Porcentaje de rebote	Visitantes
2)	Día	
3)	1	20	200
4)	2	45	100
5)	3	60 60	230
6)	4 4	10	300

Como se puede observar en la salida por encima de sus valores de índice se han cambiado con respecto a la columna "Día".

Cambio de encabezado de columnas

Ahora consideremos cambiar los encabezados de columna en este capítulo de Pandas. Consideraremos un ejemplo en el que cambia el encabezado de la columna "Visitantes" por el llamado "Usuarios". Implementemos esto en la práctica.

importar pandas como pd

df = pd.DataFrame ({"Día": [1,2,3,4], "Visitantes": [200, 100,230,300], "Bounce_Rate": [20,45,60,10]})

df = df.rename (columnas = {"Visitantes": "Usuarios"})

imprimir (df)

La salida de este código es:

1)	Porcentaje de rebote	Día	Los usuarios
2)	0 0	20	1	200
3)	1	45	2	100
4)	2	60 60	3	230
5)	3	10	4 4	300

Como puede observar en el resultado anterior, el encabezado de la columna "Visitantes" se ha cambiado a "Usuarios". Después de esto, en la siguiente parte del tutorial de Pandas, aprenderá los conceptos básicos de munging de datos.

Munging de datos

En el caEn caso de mezcla de datos, convertirá datos específicos a otro formato. Por ejemplo, en caso de que tenga un archivo .csv, también se puede convertir a .html u otros formatos. Ahora veamos la implementación práctica de la mezcla de datos.

1. importar pandas como pd

2. country = pd.read_csv ("D: UsersAayushiDownloadsworld-bank-youth-desempleoAPI_ILO_country_YU.csv", index_col = 0)

3. country.to_html ('edu.html')

Cuando se ejecuta este código, se crea un archivo HTML y se denomina "edu.html". Puede copiar la ruta del archivo y pegarlo en el navegador para mostrar los datos en formato HTML. Miremos la captura de pantalla a continuación para una mejor comprensión.

	Country Code	2010	2011	2012	2013	2014
Country Name						
Afghanistan	AFG	20.600000	20.900000	19.700001	21.100000	20.799999
Angola	AGO	10.800000	10.700000	10.700000	10.600000	10.500000
Albania	ALB	25.799999	27.000000	28.299999	28.700001	29.200001
Arab World	ARB	25.022214	28.117516	29.113212	29.335306	29.704569
United Arab Emirates	ARE	9.800000	9.800000	9.800000	9.900000	10.000000
Argentina	ARG	19.500000	18.799999	18.400000	19.700001	21.299999
Armenia	ARM	38.299999	38.700001	35.000000	32.500000	35.099998
Australia	AUS	11.400000	11.400000	11.700000	12.200000	13.100000
Austria	AUT	8.800000	8.200000	8.700000	9.100000	9.200000
Azerbaijan	AZE	14.600000	14.500000	14.300000	13.400000	13.600000
Burundi	BDI	10.800000	10.800000	10.800000	10.800000	10.700000
Belgium	BEL	22.500000	18.600000	19.700001	23.100000	23.600000
Benin	BEN	2.000000	2.000000	2.000000	1.800000	1.700000
Burkina Faso	BFA	5.200000	5.300000	5.200000	5.200000	5.000000
Bangladesh	BGD	8.200000	8.200000	8.200000	8.900000	9.100000

Ahora, para la parte restante de este ejercicio de aprendizaje de Pandas, analizará en profundidad el desempleo global en los jóvenes.

Caso de uso de Python Pandas: Análisis de los datos de desempleo juvenil

Declaración del problema

Se le proporciona un conjunto de datos creado con un porcentaje de jóvenes desempleados entre los años 2010 y 2014 a nivel mundial. Este conjunto de datos se utilizará para encontrar el cambio en el porcentaje de desempleo juvenil para cada país de 2010 a 2011. Inicialmente, aprenderá sobre el conjunto de datos que contiene columnas como Nombre de país y Código de país, y el año debe ser entre 2010 y 2014. Ahora con el uso de Pandas, puede usar "pd.read_csv" para leer el archivo de formato de archivo .csv. Echa un vistazo a la captura de pantalla a continuación.

Country Name	Country Code	2010	2011	2012	2013	2014
Afghanistan	AFG	20.6	20.9	19.7	21.1	20.8
Angola	AGO	10.8	10.7	10.7	10.6	10.5
Albania	ALB	25.799999	27	28.3	28.7	29.2
Arab World	ARB	25.022214	28.11752	29.11321	29.33531	29.70457
United Arab Emirates	ARE	9.8000002	9.8	9.8	9.9	10
Argentina	ARG	19.5	18.8	18.4	19.7	21.3
Armenia	ARM	38.299999	38.7	35	32.5	35.1
Australia	AUS	11.4	11.4	11.7	12.2	13.1
Austria	AUT	8.8000002	8.2	8.7	9.1	9.2
Azerbaijan	AZE	14.6	14.5	14.3	13.4	13.6
Burundi	BDI	10.8	10.8	10.8	10.8	10.7
Belgium	BEL	22.5	18.6	19.7	23.1	23.6
Benin	BEN	2	2	2	1.8	1.7
Burkina Faso	BFA	5.1999998	5.3	5.2	5.2	5
Bangladesh	BGD	8.1999998	8.2	8.2	8.9	9.1
Bulgaria	BGR	22.9	25.2	28.2	29.7	25.9
Bahrain	BHR	10.2	11.4	10.5	10.6	10.9
Bahamas, The	BHS	36	27.2	30.4	30.8	30.1
Bosnia and Herzegovina	BIH	57.200001	57.1	61.7	57.4	57.5
Belarus	BLR	13.2	12.5	11.8	12	12
Belize	BLZ	20.9	24.3	26	22.4	22

Ahora, sigamos adelante y comencemos a hacer análisis de datos. En este proceso, busca averiguar el cambio porcentual en la tasa de desempleo juvenil entre los años 2010 y 2011. Después de conocer las cifras, puede visualizar esto utilizando la biblioteca Matplotlib. Es una biblioteca poderosa utilizada para visualización en Python. La biblioteca se puede utilizar en scripts Python, servidores de aplicaciones web, shell y otros kits de herramientas GUI. Puede encontrar más información sobre Matplotlib en Internet y en otras partes de este libro electrónico. Implementemos este código en PyCharm.

importar pandas como pd

importar matplotlib.pyplot como plt

del estilo de importación matplotlib

style.use ('fivethirtyeight')

country = pd.read_csv ("D: UsersAayushiDownloadsworld-bank-youth-desempleoAPI_ILO_country_YU.csv", index_col = 0)

df = country.head (5)

df = df.set_index (["Código de país"])

sd = sd.reindex (columnas = ['2010', '2011'])

db = sd.diff (eje = 1)

db.plot (kind = "bar")

plt.show ()

Como puede observar desde arriba, este análisis se ha realizado para las 5 primeras filas del país del marco de datos. Después de que el valor del índice se haya definido como " Código de país" , debe volver a indexar esta columna en las columnas que representan los años 2010 y 2011. Nuevamente, tiene un marco de datos más llamado db e imprime la variación entre las 2 columnas o cambio porcentual en la situación de desempleo juvenil en el período 2010 a 2011. Al final, ha trazado un diagrama de barras utilizando la biblioteca Matplotlib de Python.

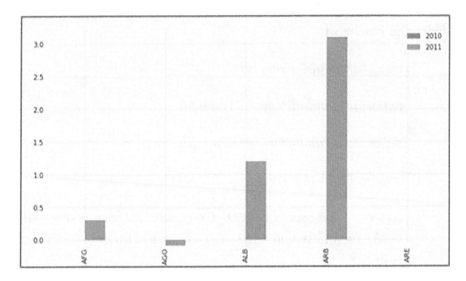

Si se ha dado cuenta en la gráfica anterior, para Afganistán (AFG) entre los años 2010 y 2011, encontrará un aumento en el desempleo de los jóvenes en aproximadamente un 0.25%. Para Angola, puede encontrar una tendencia negativa y significa que el porcentaje de jóvenes desempleados se reduce considerablemente. De manera similar, puede realizar análisis de datos en varios conjuntos de datos.

Capítulo 6

Análisis de datos utilizando pandas

Para explorar más sus datos, usará Pandas. Como ya sabe, Pandas es una de las bibliotecas de análisis de datos más importantes de Python. Pandas, de hecho, ha sido fundamental para aumentar el uso general de Python en la comunidad de análisis de datos. En esta sección del libro, vamos a utilizar Pandas para leer un conjunto de datos, realizar análisis de datos exploratorios y construir nuestro modelo básico de categorización para resolver este tipo de problemas.

Pandas contiene herramientas de manipulación de datos de muy alto nivel y estructuras de datos que hacen que el análisis de datos en Python sea rápido y fácil. Como ya se mencionó, Pandas es una biblioteca de código abierto que proporciona herramientas de análisis de datos de alto rendimiento y fáciles de usar y estructurada para Python.

La mejor manera de instalar Pandas es a través de conda como se ilustra a continuación.

conda instalar pandas

También puede instalar Pandas a través de PyPI. Los paquetes están disponibles para todas las versiones compatibles de Python en Linux, Windows y MacOS.

pip instalar pandas

Python ha sido excelente para la preparación de datos y la mezcla de datos, pero no tanto para el modelado de datos y el análisis de datos. Afortunadamente, Pandas ayuda inmensamente a llenar este vacío permitiendo a los usuarios llevar a cabo un flujo de trabajo completo de análisis de datos con Python sin necesidad de cambiar a un lenguaje de programación más específico de dominio como R.

Combinado con el increíble kit de herramientas iPython y otras bibliotecas de Python, el entorno de análisis de datos de Python destaca en productividad, rendimiento y la capacidad de colaborar. Tenga en cuenta que Pandas no implementa la funcionalidad de modelado fuera del panel y la regresión lineal, por lo que para estos problemas usará scikit-learn y statsmodels.

Serie de pandas y marcos de datos

Las series en pandas pueden entenderse como una matriz unidimensional etiquetada o indexada. Con Pandas, puede acceder a muchos elementos individuales de una serie a través de etiquetas específicas.

Por otro lado, el marco de datos de Pandas es muy similar a un libro de Excel donde tiene nombres de columna que hacen referencia a columnas y donde tiene filas, a las que se puede acceder fácilmente con el uso de números de fila identificados.

La principal diferencia entre los dos es que los números de fila y los nombres de columna se conocen como índice de columna y fila en el caso de marcos de datos. Los marcos de datos y las series, de hecho, forman el modelo de datos fundamental para los Pandas utilizados en Python.

Usando Pandas, los conjuntos de datos se leen en estos marcos de datos y luego se pueden realizar diferentes operaciones como agrupar por agregación en estas columnas.

Para comenzar con Pandas, debe importarlo de la siguiente manera.

importar pandas como pd

importar numpy como np

importar matplotlib. pyplot como plt

Para comenzar con la exploración de datos, debe iniciar la interfaz de iPython en modo Pylay en línea escribiendo como se ilustra a continuación en el símbolo del sistema de Windows.

cuaderno de ipython - - pylab = en línea

Este paso abre el cuaderno iPython en su entorno pylab que ya tiene varias bibliotecas Python útiles importadas. Al realizar este paso, ha creado un buen entorno de Python cuando se trata de análisis de datos interactivos y podrá trazar sus datos en línea.

Puede verificar si su entorno Python ha cargado los datos correctamente escribiendo lo siguiente.

trama (arange (5))

Importando bibliotecas

En esta sección, vamos a importar Pandas, Matplotlib y NumPy. Tenga en cuenta que no tiene que importar NumPy y Matplotlib debido al entorno Pylab. Sin embargo, mantendremos estas importaciones en código, en caso de que esté utilizando otro entorno de Python. Una vez que haya importado las bibliotecas, debe leer el conjunto de datos utilizando el argumento read csv. Su código debe verse de la siguiente manera.

importar pandas como pd

importar numpy como np

importar matplotlib como plt

df = pd. leer _ csv ("/ home / kunal / Downloads / Loan _ Prediction / train. csv")

Una vez que haya leído su conjunto de datos, puede ver fácilmente varias filas superiores mediante la siguiente función.

df. cabeza (10)

Este comando debe imprimir diez filas. Si lo desea, puede ver más filas simplemente imprimiendo el conjunto de datos. Para ver el resumen de sus campos numéricos, ejecute el comando como se ve a continuación.

df. describe ()

Con esta función, obtendrá la desviación estándar o estándar. cuenta, cuartiles mínimo y máximo en su salida. También puede obtener más valores de salida describiendo funciones como el plazo del monto del préstamo para valores faltantes o historial de crédito. Por otro lado, para valores no numéricos como el área de propiedades, puede mirar la distribución de frecuencias para comprender si tienen sentido.

Creación de objetos

El comportamiento fundamental sobre los tipos de datos, el etiquetado de ejes o la alineación se aplica a todos los objetos.

El principio básico aquí para tener en cuenta es que la alineación de datos es intrínseca. Esto significa que la relación entre los datos y las etiquetas no se romperá a menos que lo solicite. Como ya sabes, las series se usan comúnmente en Pandas. La serie es una matriz etiquetada unidimensional que puede contener muchos tipos de datos como números de punto flotante, enteros, cadenas y objetos de Python. Estas etiquetas de eje se denominan índice.

Aquí los datos pueden ser muchas cosas como un ndarray, un dict de Python de un valor escalar. Si sus datos son un ndarray, el índice debe tener la misma longitud que sus datos. Si no se pasa ningún índice, uno creado tendrá valores que van desde cero (0) a datos len menos 1.

Tenga en cuenta que Pandas no admite valores de índice no únicos. En el caso de que se intente una operación que no admite valores de índice duplicados, se generará una excepción en ese momento.

Si sus datos son un dict de Python y se pasa un índice, los valores contenidos en los datos corresponden a las etiquetas, por lo que ese índice se extraerá. Por otro lado, se creará un índice a partir de la clave ordenada de ese dict cuando sea posible.

Si sus datos son un valor escalar, debe proporcionar un índice. El valor se repetirá para que coincida con la longitud de su índice.

Crear series y marcos de datos

Usando Pandas con Python, puede crear fácilmente series simplemente pasando una lista de valores que le permite a Pandas crear un índice entero predeterminado. También puede crear un marco de datos simplemente pasando una matriz numpy con columnas etiquetadas y con un índice de fecha y hora.

Si está utilizando iPython, la finalización de la pestaña para los atributos públicos y los nombres de columna se habilita automáticamente para obtener un subconjunto de varios atributos.

Funcionalidad básica de pandas

Para mostrar una pequeña muestra de un marco de datos o serie, debe usar los métodos head o tail. El número predeterminado de elementos para mostrar es cinco, pero puede pasar cualquier número que desee.

Como ya sabe, los elementos de Pandas tienen muchos atributos adjuntos que le permiten acceder a los metadatos. Los objetos de pandas generalmente incluyen una forma que da las dimensiones del eje de los objetos que es consistente con ndarray y hay etiquetas de eje que incluyen series, marcos de datos y paneles. Puede asignar fácilmente estos atributos como se ve a continuación.

En el caso de que el panel o el marco de datos contenga datos homogéneos, el ndarray puede modificarse fácilmente en su lugar, por lo que todas las posibilidades se reflejan claramente en su estructura de datos. Para datos heterogéneos, este no es el caso, ya que los valores se atribuyen a sí mismos, por lo que no pueden asignarse a diferencia de las etiquetas de eje comunes.

Pandas también tiene soporte para acelerar tipos específicos de operaciones booleanas y numéricos binarios usando la biblioteca numexpr junto con la biblioteca de cuellos de botella. Estas bibliotecas son muy útiles cuando se trata de manejar grandes conjuntos de datos, ya que proporcionan grandes aceleraciones. Además, numexpr utiliza almacenamiento en caché inteligente, fragmentación y múltiples núcleos, mientras que el cuello de botella contiene un conjunto de rutinas de cython, que son especialmente rápidas cuando se trata de matrices que tienen nans.

Asegúrese de instalar ambas bibliotecas. Ambos están habilitados para usarse de manera predeterminada, por lo que para controlar esto, ejecute el siguiente código.

pd. set _ option ('compute. use _ bottleneck', False)

pd. set _ option ('compute. use _ numexpr', False)

Análisis de distribución

Ahora, si conoce las características básicas de los datos y su uso en Pandas, pasamos a la distribución de varias variables. Comenzaremos con variables numéricas, LoanAmount y ApplicantInco m e. El primer paso es trazar el histograma de ApplicantIncome utilizando el siguiente código.

df ['Ingresos del solicitante']. hist (contenedores = 50)

Aquí, debe observar varios valores extremos. Por este motivo, necesita cincuenta contenedores para representar la distribución de datos con claridad. El siguiente paso es observar los diagramas de caja para comprender mejor las distribuciones. Bloqueará la trama como se muestra a continuación.

df. diagrama de caja (column = 'ApplicantIncome')

Este paso confirma claramente la presencia de muchos valores extremos. Esto puede atribuirse a la disparidad de ingresos presente en nuestra sociedad. Sin embargo, parte de esto también puede ser impulsado por que estamos mirando a personas con diferentes niveles de educación. Ahora, debemos segregarlos por educación como se muestra a continuación.

df. diagrama de caja (column = 'ApplicantIncome', by = 'Education')

Aquí, de hecho, verá que no hay una diferencia sustancial entre el ingreso medio de los no graduados y los graduados. Sin embargo, hay un mayor número de graduados que tienen un ingreso muy alto que está apareciendo en los valores extremos. El siguiente paso es mirar el diagrama de caja y el histograma de LoanAmount como se ve a continuación.

df ['LoanAmount']. hist (contenedores = 50)

df. diagrama de caja (column = 'LoanAmount')

Aquí, también notará valores extremos. Tanto LoanAmount como ApplicantIcone requieren una cantidad de datos mezclados. Puede ver que LoanAmount tiene valores extremos y faltantes, mientras ApplicantIncome tiene varios valores extremos que requieren una comprensión más profunda.

Análisis de variables categóricas

Ahora, cuando comprenda las distribuciones de LoanIncome y ApplicantIncome, debería aprender más sobre las variables categóricas. En esta sección, vamos a utilizar tablas cruzadas y tablas dinámicas de estilo Excel. Por ejemplo, podemos ver las posibilidades de obtener un préstamo bancario basado en el historial crediticio de las personas. Esto se puede lograr fácilmente en MS Excel usando una tabla dinámica.

Aquí, el estado de carga se codificará como uno para sí y cero para no. Por lo tanto, la media representa la probabilidad de que alguien obtenga un préstamo bancario. Puede generar fácilmente una visión muy similar en Python. Sin embargo, antes de llegar allí, debe aprender las técnicas más comunes de manipulación de datos de Pandas.

Manipulación de datos

Una de las técnicas más comunes utilizadas para la manipulación de datos es la indexación booleana que generalmente se usa cuando se filtra a los valores de una columna, que se basan en otro conjunto de columnas. Por ejemplo, si desea una lista de todas las mujeres que son estudiantes universitarias y obtuvieron un préstamo bancario, puede usar lo siguiente.

```
data . loc [( data [ " Gender " ] = = " Female " )
( data [ " Education " ] = = " Not Graduate " )
( data [ " Loan _ Status " ] = = " Y " )
[ " Gender "," Education "," Loan _ Status " ]]
```

Otra técnica para la manipulación de datos es la aplicación de funciones. Una de las funciones más utilizadas cuando se trata de jugar con datos y crear nuevas variables es aplicar funciones. Aplicar devuelve un valor justo después de pasar cada columna o fila de su marco de datos con una función. Las funciones que utiliza pueden ser definidas por el usuario o predeterminadas. Puede crear una nueva función, aplicar la función por fila o por columna de la siguiente manera.

```
def num_ missing ( x ) :
return sum ( x . isnull ( ) )
print " Missing values per column : "
print data . apply ( num_ missing, axis = 0 ) #axis = 0
print " \ nMissing values per row : "
print data . apply ( num_ missing, axis = 1 ). head ( ) #axis = 1
```

Otra forma de manipulación de datos es ingresar los archivos que faltan. El comando fillna se usa comúnmente para actualizar los valores faltantes con la mediana general de la columna. Vamos a imputar las columnas de autónomos, casados y de género junto con sus respectivos modelos, como se muestra a continuación.

> *de scipy modo de importación de estadísticas*
>
> *modo (datos ['Género'])*

79

Este código devuelve tanto el conteo como el modo. Permita que ese modo también pueda ser una matriz, por lo que puede haber múltiples valores con una frecuencia alta. Para tomar uno de forma predeterminada, debe usar el comando de datos de modo.

modo (datos ['Género']). modo [0]

Una vez hecho esto, puede completar esos valores faltantes utilizando esta técnica. Primero, imputa los valores y luego verifica los valores faltantes para confirmar.

```
data [ ' Gender ' ] . fillna ( mode ( data [ ' Gender ' ] ) . mode [ 0 ], inplace = True )
data [ ' Married ' ] . fillna ( mode ( data [ ' Married ' ] ) . mode [ 0 ], inplace = True )
data [ ' Self_ Employed ' ] . fillna ( mode ( data [ ' Self_Employed ' ] ) . mode [ 0 ], inplace =
True )
print data . apply ( num_ missing, axis = 0 )
```

A pesar de que hemos imputado esos valores perdidos, esta técnica es la forma más básica de imputación. Algunas técnicas más avanzadas incluyen el modelado de valores perdidos por promedios agrupados. Otra técnica para la manipulación de datos son las tablas dinámicas. Como ya sabe, Pandas se usa con frecuencia para crear esas tablas dinámicas que generalmente se hacen en MS Excel.

En nuestro caso, una columna clave es LoanAmount que tiene algunos valores faltantes. Para solucionar este problema, podemos imputarlo simplemente usando la cantidad promedio de cada grupo casado, de género y autónomo. Puede determinar el grupo medio de LoanAmount como se ilustra a continuación.

```
impute_ grps = data . pivot_ table ( values = [ " LoanAmount " ]
index = [ " Gender " , " Married " , " Self_ Employed " ], aggfunc = np . mean )
print impute_ grps
```

Otra técnica para la manipulación de datos es la indexación múltiple. Si observa que su salida tiene una propiedad extraña como cuando cada índice está formado por una combinación de tres valores, esto es indexación múltiple. Esto ayuda a realizar operaciones rápidamente. Para aplicar la indexación múltiple, debe iterar a través de las filas con LoanAmount faltante.

Una vez completado, debe verificar los valores faltantes nuevamente para confirmar.

```
for i,row in data . loc [ data [ ' LoanAmount ' ] . isnull ( ), : ] . iterrows ():
ind = tuple ( [ row [ ' Gender ' ], row [ ' Married ' ],row [ ' Self_ Employed ' ] ] )
data . loc [ i ,' LoanAmount ' ] = impute_ grps . loc [ ind ] . values [ o ]
print data . apply ( num_ missing, axis = o )
```

También puede usar la función de tabla de referencias cruzadas para obtener esa vista inicial de los datos. Puede validar una hipótesis básica. Por ejemplo, en nuestro caso, el historial crediticio debería afectar significativamente el estado general del préstamo. Puede probar esto utilizando la función de tabulación cruzada de la siguiente manera.

pd. tabla de referencias cruzadas (datos ["Crédito _ Historial"], datos ["Préstamo _ Estado"], márgenes = Verdadero)

Obtendrás números absolutos. Sin embargo, en este caso, los porcentajes pueden ser más intuitivos cuando haces algunas ideas rápidas. Para calcular porcentajes, puede aplicar las funciones como se ve a continuación.

```
def percConvert ( ser ):
return ser / float ( ser [ -1 ] )
pd . crosstab ( data [ " Credit_ History " ], data [ " Loan_ Status " ], margins = True ) .
apply ( percConvert, axis = 1 )
```

Ahora, será más evidente que las personas con un historial crediticio tienen mayores posibilidades de obtener un préstamo bancario en un ochenta por ciento en comparación con las personas sin un historial crediticio de solo el nueve por ciento.

Otra técnica de manipulación de datos de uso frecuente es la fusión de marcos de datos. Esta técnica es extremadamente importante cuando tiene información que proviene de una fuente diferente. Por ejemplo, si tiene la tasa de propiedad promedio y necesita definir un marco de datos, ejecutará comandos como se muestra a continuación.

```
prop_ rates = pd . DataFrame ([ 1000, 5000, 12000 ],
index = [' Rural ',' Semiurban ',' Urban '], columns = [' rates '])
prop_ rates
```

Una vez hecho esto, puede combinar fácilmente esta información obtenida con su marco de datos original de la siguiente manera.

```
data_ merged = data . merge ( right = prop_ rates,
how = ' inner ', left_ on = ' Property_ Area ', right_ index = True, sort = False )
data_ merged . pivot_ table ( values = ' Credit_ History ', index = [' Property_ Area ','
rates '], aggfunc = len )
```

Obtendrá la tabla dinámica que valida esta exitosa operación de fusión. Tenga en cuenta que el argumento de valores aquí es irrelevante, ya que aquí simplemente estamos contando los valores.

Para la manipulación de datos también puede utilizar la técnica de ordenar marcos de datos. Pandas es genial, ya que permite una clasificación fácil basada en diferentes columnas. La ordenación de los marcos de datos se puede hacer como se ve a continuación.

```
data_ sorted = data . sort_ values ([ ' ApplicantIncome ',' CoapplicantIncome '],
ascending = False )
data_ sorted [ [ ' ApplicantIncome ',' CoapplicantIncome ' ] ] . head ( 10 )
```

Para la manipulación de datos, puede usar una técnica de trazado que incluye histograma y diagrama de caja como se mencionó anteriormente. Es posible que no se dé cuenta del hecho de que los histogramas y los diagramas de caja se pueden trazar fácilmente directamente en Pandas, por lo que llamar a maplotlib es totalmente innecesario. De hecho, son solo comandos de una línea. Por ejemplo, si desea comparar la distribución de ApplicantIncome by LoanStatus, puede hacerlo de la siguiente manera.

```
import matplotlib . pyplot as plt.
%matplotlib inline
data . boxplot ( column = " ApplicantIncome ", by = " Loan _ Status " )
data . hist ( column = " ApplicantIncome ", by = " Loan _ Status ", bins = 30 )
```

Esto, de hecho, muestra que el ingreso, en este caso, no es el gran factor decisivo, ya que no hay una diferencia apreciable entre las personas que fueron denegadas y que recibieron el préstamo bancario.

La función de corte para binning es otra técnica de manipulación de datos de uso común. En algunos casos, los valores numéricos tienen más sentido si los agrupa. Por ejemplo, si está intentando modelar patrones de tráfico con una hora del día. Ese minuto exacto de una hora no es tan relevante cuando se trata de predecir el tráfico en comparación con el período real del día, como la tarde, la mañana o la tarde. Modelar el tráfico de esta manera es mucho más intuitivo y evita el ajuste excesivo.

Para definir una función muy simple, puede reutilizar fácilmente para binning de cualquier comando de ejecución variable como se ve a continuación. Primero define el binning, luego crea listas agregando max y min a los puntos de corte. Si no se proporcionan etiquetas, utiliza etiquetas predeterminadas como cero a menos uno. Luego debe realizar binning utilizando las funciones de corte Pandas. Una vez hecho esto, define la edad del binning.

```
def binning ( col, cut _ points, labels = None )
  minval = col . min ()
  maxval = col . max ()
break _ points = [ minval ] + cut _ points + [ maxval ]
0 ... ( n-1 )
if not labels :
labels = range ( len ( cut _ points ) +1 )
colBin = pd . cut ( col , bins = break _ points, labels = labels, include_ lowest = True )
return colBin
cut _ points = [ 90, 140, 190 ]
labels = [ " low ", " medium ", " high ", " very high " ]
data [ " LoanAmount_ Bin " ] = binning ( data [ " LoanAmount " ], cut _ points, labels )
print pd . value_ counts ( data [ " LoanAmount_ Bin " ], sort = False )
```

Otra técnica de manipulación de datos más utilizada es la codificación de datos nominales. Con frecuencia habrá casos en los que tendrá que modificar las categorías de su variable nominal. Esto puede suceder por varias razones. Por ejemplo, algunos algoritmos como la regresión logística pueden requerir que todas las entradas sean numéricas. Por lo tanto, debe codificar las variables nominales como cero, una a n-1.

A veces hay casos en que una categoría puede representarse de dos maneras. Por ejemplo, una temperatura puede registrarse como baja, media o alta. En este caso, H y High se refieren exactamente a la misma categoría. Del mismo modo, solo hay una diferencia de caso en bajo y bajo. Sin embargo, Python los leerá como niveles completamente diferentes. Hay algunas categorías, que pueden venir con frecuencias muy bajas, por lo que, en general, es una muy buena idea combinarlas.

Para codificar datos nominales, debe definir una función genérica que tome su entrada como diccionario y codifique los valores dentro de la función de reemplazo de Pandas. Luego, debe codificar LoanStatus.

```
def coding ( col, codeDict ) :
colCoded = pd . Series ( col, copy = True )
for key, value in codeDict . items ( ) :
colCoded . replace ( key, value, inplace = True )
return colCoded
Coding LoanStatus as Y = 1, N = o :
print ' Before Coding : '
print pd . value _ counts ( data [ " Loan _ Status " ] )
data [ " Loan _ Status _ Coded " ] = coding ( data [ " Loan _ Status " ], { ' N ' : o, 'Y ' : 1 } )
print ' \ nAfter Coding : '
print pd . value _ counts( data [ " Loan _ Status _ Coded " ] )
```

Otra técnica de manipulación de datos de uso común es iterar sobre filas de un marco de datos. Esta no es una operación de uso frecuente, pero puede ser muy valiosa cuando necesita recorrer todas las filas incluidas con la ayuda de for-loop. Por ejemplo, un problema muy común que puede enfrentar es el tratamiento incorrecto de las variables. Esto sucede cuando tiene variables nominales que tienen categorías numéricas, que se tratan como numéricas. Este problema también ocurre cuando tiene variables numéricas que incluyen caracteres ingresados en una de las filas que se consideran categóricas.

Por lo tanto, es una buena idea definir manualmente el tipo de columna. Puede verificar fácilmente sus tipos de datos de todas las columnas con el siguiente código.

datos dtypes

Cuando ejecute este comando, verá que el historial de crédito es una variable nominal, pero en nuestro caso, aparece como flotante. La mejor manera de abordar este tipo de problemas es crear un archivo csv con tipos y nombres de columna.

Con este enfoque, puede realizar funciones genéricas que leerán el archivo y asignarán diferentes tipos de datos de columna. Puede crear un archivo csv usando datatypes.csv de la siguiente manera.

colTypes = pd. leer _ csv ('tipos de datos. csv')

imprimir colTypes

Una vez que carga este archivo, puede iterar fácilmente a través de cada fila incluida y asignar el tipo de datos por comando de tipo al nombre de la variable, que se define en su columna de características. Para hacerlo, debe recorrer cada fila y asignar un tipo de variable adecuado. Tenga en cuenta que un tipo se utiliza para asignar tipos.

```
for i, row in colTypes . iterrows ( ) :  #i : dataframe index ; row : each row in series format
    if row [ ' type ' ] = = " categorical " :
        data [ row [ 'feature ' ]] = data [ row [ ' feature ' ]] . astype ( np . object )
    elif row [ ' type ' ] = = " continuous " :
        data [ row [ 'feature ' ]] = data [ row [ ' feature ' ]] . astype ( np . float )
print data . dtypes
```

Ahora, verá que la columna del historial de crédito está completamente modificada al tipo de objeto que se utiliza para representar las variables nominales de Pandas.

Una vez que conozca las técnicas de manipulación y exploración de datos que se utilizan regularmente, podemos examinar el análisis de variables categóricas. En este caso, vamos a utilizar una tabla dinámica de estilo Excel además de la tabulación cruzada. Vamos a examinar las posibilidades de que alguien obtenga un préstamo bancario basado en su historial de crédito ejecutado en Python de la siguiente manera.

```
temp1 = df[ ' Credit _ History ' ] . value _ counts ( ascending = True )
temp2 = df . pivot_ table ( values = ' Loan _ Status ', index = [ ' Credit_ History ' ]
aggfunc = lambda
x :
x . map ( { ' Y ' : 1,' N ' : 0 } ) . mean ( ) ) print ' Frequency Table for Credit History
print temp1 print ' \ nProbility of getting loan for each Credit History
class print temp2
```

Obtendrá una tabla de frecuencia que le muestra la probabilidad de obtener un préstamo para cada clase de historial de crédito. Una vez hecho esto, puede observar que obtiene una tabla dinámica muy similar a la de MS Excel. Puede trazar esto como un gráfico de barras con la ayuda de la biblioteca matplotlib que ejecuta el siguiente código.

```
import matplotlib . pyplot as plt
fig = plt . figure ( figsize = ( 8,4 ) )
ax1 = fig . add_ subplot ( 121 )
ax1 . set_ xlabel ( ' Credit_ History ' )
ax1 . set_ ylabel ( ' Count of Applicants ' )
ax1 . set_ title ( " Applicants by Credit_History " )
temp1 . plot ( kind = ' bar ' )
ax2 = fig . add_ subplot ( 122 )
temp2 . plot ( kind = ' bar ' )
ax2 . set_ xlabel ( ' Credit_ History ' )
ax2 . set_ ylabel ( ' Probability of getting loan ' )
ax2 . set_ title ( " Probability of getting loan by credit history " )
```

Esto le mostrará que las posibilidades de obtener un préstamo bancario son ocho veces mayores cuando el solicitante tiene un historial de crédito válido.

Puede trazar fácilmente gráficos muy similares en el área de la propiedad, por cuenta propia o casada. También puede visualizar estos gráficos a medida que los combina en un gráfico apilado como se ilustra a continuación.

temp3 = pd. tabla de referencias cruzadas (df ['Crédito_ Historial'], df ['Préstamo _ Estado'])

temp3. plot (kind = 'bar', stacked = True, color = ['red', 'blue'], grid = False)

También puede agregar fácilmente género a esta mezcla de manera muy similar a la tabla dinámica de Excel.

En esta sección del libro, hemos creado dos algoritmos de clasificación, uno basado en dos variables categóricas y otro basado en el historial crediticio. Has visto lo que puedes hacer con el análisis exploratorio de datos en Python con la ayuda de Pandas.

Capítulo 7

Visualización de datos

"Al visualizar la información, la convertimos en un paisaje que puedes explorar con tus ojos. Una especie de mapa de información. Y cuando te pierdes en información, un mapa de información es útil".
– David McCandless

Aquí hay un hecho divertido para comenzar este capítulo. El 90 % de la información que se transmite al cerebro es de naturaleza visual.

Hemos aprendido cómo la ciencia de datos es una plataforma esencial que ayuda al crecimiento, el desarrollo y la evolución de un negocio al ayudarlo a formar e implementar estrategias utilizando ideas que son impulsadas completamente por los datos. Los datos que son de naturaleza digital no solo ayudan a percibir ideas importantes para una empresa, sino que si se presentan de una manera que sea digerible, inspiradora y en un formato lógico, es como contar una historia a todos en una organización y llevarlos a bordo. con su visión como científico de datos.

La parte en la que representamos estos datos de manera que todos los miembros de una organización que no son realmente conocedores de la tecnología también puedan comprender, es la parte en la que la visualización de datos entra en escena. La visualización tiene un papel importante en el análisis de datos y se refiere a la creación de representaciones de naturaleza gráfica. Todo este proceso de visualización de datos ayuda a interpretar patrones en los datos al observarlos rápidamente y ayuda a estructurar los datos en tiempo real, al tiempo que conserva los datos de fondo que son de naturaleza compleja debido a sus cifras fácticas y numéricas.

La interpretación de datos es el mayor desafío en organizaciones que tienen enormes conjuntos de datos fácilmente disponibles para su análisis. Por lo tanto, el aspecto de la interpretación de datos es muy crítico si nos fijamos en las metas, objetivos y objetivos a largo plazo de una organización.

Aquí es donde entra en juego la visualización de datos .

El cerebro humano puede recordar imágenes de manera más cómoda en comparación con números y letras. Por lo tanto, la representación de datos de naturaleza enorme y compleja en forma de gráficos o tablas es más conveniente en comparación con informes u hojas de cálculo.

Los aspectos y conceptos críticos de los datos pueden transmitirse de manera simple, intuitiva y rápida con la ayuda de técnicas de visualización. La visualización también ayuda a los científicos de datos a realizar experimentos con datos basados en diferentes escenarios al permitir hacer pequeños ajustes.

La visualización de datos ha demostrado ser muy beneficiosa para las organizaciones. Se ha observado que las duraciones de las reuniones de negocios pueden reducirse en un 24 por ciento si los datos se representan en un formato visual en comparación con los datos sin procesar. Otro estudio muestra que con el uso de técnicas de visualización, el retorno de las inversiones para un negocio podría incrementarse a USD 13.00 por cada dólar que se gasta.

Por lo tanto, se puede concluir que las tasas de éxito empresarial pueden mejorar enormemente con la ayuda de técnicas de visualización y una empresa puede producir un valor óptimo utilizando esta técnica que ya se ha probado y probado para lograr resultados. Veamos las 10 técnicas más esenciales que están disponibles para la visualización de datos en la industria actual.

Conoce a tu audiencia

El concepto de conocer a su audiencia es el más ignorado de todos y, sin embargo, es uno de los conceptos más vitales en la visualización de datos.

Podemos suponer con seguridad que la red mundial, Internet y la tecnología de la información en su conjunto todavía están en sus etapas iniciales. Además, podemos asumir con seguridad que la visualización de datos es incluso un concepto mucho más joven en comparación. Incluso los empresarios más establecidos del siglo XXI en algún momento encuentran difícil entender un solo gráfico circular, o un conjunto de imágenes bien presentado, o en su mayoría no tienen tiempo para sentarse y profundizar en los datos disponibles, incluso a través de representaciones gráficas. Por lo tanto, es muy importante que los datos que está convirtiendo en un formato visual sean interesantes y personalizados para adaptarse a la audiencia a la que se los presenta. Es por eso que es muy importante conocer a su audiencia antes de presentar un conjunto de datos visuales frente a ellos.

Fija tus metas

Al igual que con muchas empresas, desde la narración de la historia de su marca hasta la venta de sus productos digitalmente y más allá, la visualización de datos y sus esfuerzos solo rendirán si la estrategia detrás de su negocio es concreta. En el momento en que está creando una visualización de datos para su negocio, es importante que las imágenes muestren una narrativa lógica y que muestren las ideas más relevantes para su negocio. Al crear un objetivo para sus actividades o campañas, debe sentarse con todos los interesados y explicarles sus objetivos hasta que estén tan comprometidos como usted en sus metas y sueños. Una de las formas de lograr esto es estableciendo KPI para su negocio que estén predeterminados, y use estos KPI como entrada para sus visualizaciones.

Elija el tipo correcto de gráficos

Seleccionar el tipo correcto de gráficos para representar sus datos juega un papel muy importante. Por lo tanto, es muy importante seleccionar el tipo correcto de gráficos para representar sus datos de manera efectiva, todo teniendo en cuenta el proyecto en cuestión, el propósito del proyecto y la audiencia.

Por ejemplo, si el proyecto muestra cambios que ocurrieron durante varios períodos de tiempo para una empresa y muestra solo algunas ideas, usar un gráfico lineal simple o un gráfico de barras sería la técnica más optimizada para representar datos visualmente.

Veamos los tipos de gráficos más populares que se utilizan para representar datos visualmente.

Tablas de números

Los gráficos de números son muy eficientes y efectivos cuando se supone que los datos muestran un indicador de rendimiento clave, como visitas al sitio de un sitio web, me gusta en una imagen en Instagram o incluso KPI de ventas de una empresa.

Mapas

La mayor ventaja de usar mapas es que son divertidos de ver, lo que significa que la audiencia a la que se le presenta el mapa (como un panel o una presentación de la junta) estarán muy comprometidos. La segunda ventaja es que la representación de datos usando mapas es fácil y rápida, y grandes conjuntos de datos complejos sobre información de geografía u otras cosas se pueden digerir fácilmente cuando se muestran usando mapas.

Gráficos circulares

Se ha considerado que los gráficos circulares son la forma más tradicional de representar datos y han recibido muchos comentarios negativos en los últimos años. Todavía sentimos que los gráficos circulares siguen siendo una gran herramienta para la visualización de datos y son fáciles de seguir.

Tablas de indicadores

Los datos que tienen valores únicos o puntos de datos se pueden representar de manera eficiente mediante gráficos de indicadores. Los gráficos de indicadores son una de las mejores representaciones visuales para mostrar una indicación instantánea de las tendencias, ya sean paneles utilizados en organizaciones financieras o para informes de paneles ejecutivos.

La ventaja de la teoría del color

Esta es la técnica más sencilla y básica, que debe tenerse en cuenta durante la visualización de datos: la selección de un esquema de color que sea apropiado y relevante para los datos de manera que mejore significativamente sus esfuerzos.

La teoría del color juega un papel muy importante para que su modelo de visualización sea un éxito o un fracaso. La consistencia es la clave y siempre debe mantener un esquema que sea consistente en todos sus modelos. Debe distinguir elementos en sus modelos utilizando esquemas de color contrastantes claros. (ejemplo: tendencias negativas en rojo y tendencias positivas en verde).

Manejo de Big Data

Se estima que para 2020, habrá 1.7 megabytes de datos que se generarán cada segundo por cada humano que exista en el planeta. Esto puede ser abrumador y brindará grandes ideas en el mundo digital hacia el que estamos marchando. Puede ser un verdadero desafío manejar estos datos, interpretarlos y presentarlos cuando y donde sea necesario. Los siguientes consejos lo ayudarán a aprender cómo administrar los grandes datos que se generarán.

Habrá una gran cantidad de datos disponibles y deberá decidir cuánto de estos datos tiene verdadero valor para usted o su organización.

Para garantizar que los datos se administren sin problemas en todos los departamentos, debe asegurarse de que todos sus colegas y otras personas que trabajan en su proyecto conozcan sus fuentes de datos.

Siempre proteja sus datos y mantenga sus sistemas de manejo de datos simples de modo que puedan convertirse en imágenes cómodamente y que a todos les resulte fácil de entender.

Los paneles de control comerciales deben ser de fácil acceso y deben mostrar todos los conocimientos valiosos de sus proyectos.

Priorizar el uso de pedidos, diseño y jerarquía

Después de nuestra discusión sobre el tema anterior, después de haber categorizado sus datos en función de cuánto son valiosos para su organización, el siguiente paso debe ser profundizar y crear una jerarquía en sus datos etiquetándolos. Debe priorizar sus datos utilizando algo como un código de color en función de la importancia de un conjunto de datos. Esto lo ayudará a asignar un modelo de visualización a cada conjunto de datos en función de su importancia y eso le brindará lo mejor de cada modelo de visualización.

Utilización de diagramas de red y nubes de palabras

Los diagramas de red o las nubes de palabras son útiles cuando se trata de visualizar datos no estructurados o semiestructurados.

Cuando necesita dibujar el cuadro gráfico de una red, se utiliza un diagrama de red. Los diseñadores, ingenieros de redes, analistas de datos, etc., generalmente usan esta técnica cuando necesitan compilar una documentación de red en formatos completos.

Por otro lado, los datos complejos que consisten en información no estructurada se pueden presentar de manera eficiente utilizando nubes de palabras. En contraste con un diagrama de red, una nube de palabras es una imagen que se crea usando palabras que se usan para un tema o texto en particular. La importancia y frecuencia de cada palabra está representada por el tamaño de esa palabra.

Comparaciones

Esta es una técnica de visualización de datos que es muy breve en naturaleza, pero sigue siendo importante según nosotros. Debe presentarse la mayor cantidad posible siempre que presente sus ideas e información. Puede mostrar la misma información en dos marcos de tiempo diferentes y hacer comparaciones entre ellos utilizando dos o más gráficos. Esto ayuda a profundizar la información en los cerebros de la audiencia que tienes y ellos lo recordarán.

Contando una historia

Como se puede ver en el marketing de contenidos, incluso cuando se trata de presentar datos frente a una audiencia, debe hacer que se sienta como contar una historia de cómo se originaron los datos y luego evolucionaron más y cómo eventualmente demostrará ser beneficioso para el público. organización. La observación muestra que una audiencia se mantiene más enfocada y comprometida cuando se realiza una presentación en forma de historia.

Herramientas de visualización para la era digital

Nos hemos alejado mucho de antaño, donde usábamos un bolígrafo y papel o incluso hacíamos una especie de copia y pega. Por lo tanto, es muy importante que se materialice en todas las herramientas digitales disponibles hoy en día para que su visualización de datos sea un éxito.

Una herramienta de panel de control que es interactiva y específica de la tarea ofrece un medio simple y completo para recuperar, extraer, cotejar, organizar y presentar datos con mucha comodidad. Esto asegura que con una cantidad mínima de tiempo, el impacto es excelente.

Es una suerte que la ciencia de datos y las técnicas de visualización evolucionen a la par con el resto de la tecnología.

Veamos algunas de las mejores herramientas innovadoras y más populares disponibles en el dominio de visualización de datos que están disponibles hoy en día. Todas estas herramientas son herramientas de pago, aunque ofrecen períodos de prueba y licencias para uso personal.

Cuadro

Tableau es conocido popularmente como el gran maestro del software en el dominio de visualización de datos y tiene sus razones para ser llamado así. Con 57000 usuarios más, es un software utilizado en todas las industrias debido a su simplicidad de uso y porque, en comparación con las soluciones habituales de inteligencia empresarial, Tableau proporciona visualizaciones que son mucho más interactivas. Las operaciones de Big Data, que se ocupan de grandes conjuntos de datos, se pueden procesar utilizando tableau. También admite la integración de aplicaciones de inteligencia artificial y aprendizaje automático, ya que funciona con las últimas soluciones de bases de datos como My SQL, Amazon AWS, SAP, Teradata y Hadoop. Se han realizado muchas investigaciones sobre el desarrollo de tableau para que sea eficiente para gráficos y visualización, y para que todo el proceso sea simple y fácil para los humanos.

Qlikview

Qlikview es una herramienta desarrollada por Qlik y es un jugador importante en el espacio de la ciencia de datos y el mayor competidor de Tableau. El software tiene una base de clientes de más de 40,000 distribuidos en 100 países. Los usuarios frecuentes han elogiado su configuración, que es altamente personalizable con una amplia gama de características. Por lo tanto, esto podría significar que lleva tiempo comprender esta herramienta y utilizarla en todo su potencial. Además de la visualización de datos, Qlikview es conocido por sus soluciones para análisis, inteligencia empresarial y capacidades de informes, y a los usuarios les gusta particularmente por su interfaz que está ordenada y libre de desorden. Se utiliza junto con su paquete hermano, Qliksense, que funciona muy bien con el descubrimiento y la exploración de datos. La comunidad de Qlikview es muy sólida y hay muchos recursos disponibles en línea que son mantenidos por terceros para ayudar a los nuevos usuarios a sentirse cómodos con la herramienta.

Gráficos Fusion

Basado en JavaScript, FusionCharts es una herramienta ampliamente utilizada para visualización y gráficos y se ha tomado como uno de los líderes en el mercado pagado. Con la capacidad de producir más de 90 tipos de gráficos, es conocido por su flexibilidad para integrarse sin problemas con marcos y plataformas populares. FusionCharts también es popular porque permite a los usuarios usar plantillas existentes para la visualización en lugar de comenzar sus propios gráficos desde cero.

Highcharts

Highcharts es como FusionCharts en el sentido de que requiere una licencia paga para ser utilizada comercialmente, pero se puede usar de forma gratuita como prueba, y también se puede usar de forma no comercial para uso personal. Highcharts se jacta de que se usa en el 72 por ciento de las 100 compañías más grandes del mundo y, a menudo, es la primera opción de los usuarios cuando se necesita una solución flexible y rápida, con una capacitación mínima requerida antes de que se pueda usar. La compatibilidad con varios navegadores ha sido la clave del éxito, ya que permite que cualquiera pueda ejecutar y ver sus visualizaciones, lo que no es fácil con otras plataformas disponibles.

Envoltorio de datos

Las organizaciones de medios que utilizan una gran cantidad de datos para mostrar gráficos y realizar presentaciones basadas en estadísticas están utilizando Datawrapper a gran escala. La simplicidad de la interfaz y la facilidad de cargar datos en formato CSV que dan como resultado mapas, gráficos sencillos, etc., que pueden integrarse rápidamente en los informes, es lo que la convierte en una opción popular.

Parcela

Plotly es una herramienta que admite visualizaciones que son de naturaleza sofisticada y compleja, dada su fácil integración con lenguajes de programación populares como R, Python y Matlab. Basado en las bases de las bibliotecas de código abierto para

JavaScript, como d3.js, Plotly es un paquete pago y tiene licencias no comerciales para uso personal.

Sisense

Sisense es una plataforma que es full stack y nos proporciona una interfaz de visualización que utiliza capacidades de arrastrar y soltar. Esto facilita la creación de gráficos complejos, gráficos y visualizaciones interactivas con unos pocos clics del mouse. Proporciona un repositorio donde puede recopilar datos de múltiples fuentes y luego le permite consultar el repositorio para acceder a cualquier información, incluso si el conjunto de datos es enorme. Permite compartir el panel de control entre organizaciones asegurándose de que incluso las personas que no son técnicamente muy sólidas puedan obtener todas las respuestas a sus problemas de datos.

Uso de pandas para visualización de datos

Hemos discutido cómo puede usar Pandas para el análisis de datos en el capítulo anterior. En aras de la comprensión, continuaremos con el ejemplo de los pandas para la visualización de datos. Cuando se visualizan los datos, resulta fácil para uno comprender o extraer tendencias y patrones de los datos. Podemos crear varios tipos de parcelas utilizando la biblioteca Pandas. Veamos cómo es esto posible;

Boxplot

Para crear un diagrama de caja con pandas, llamamos a los *métodos DataFrame.boxplot () , Series.box.plot () o DataFrame.box.plot ()* para mostrar cómo se distribuyen los valores dentro de cada columna. Considere el siguiente ejemplo:

```
importar pandas como pd
```

importar numpy como np

desde matplotlib import pyplot

df = pd.DataFrame (np.random.rand (10, 5), columnas = ['V', 'W', 'X', 'Y', 'Z'])

df.plot.box ()

pyplot.show ()

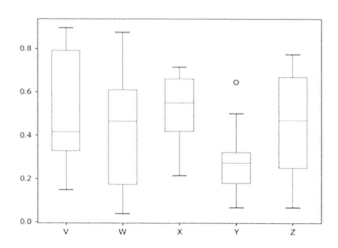

El código anterior nos ayuda a dibujar un diagrama de caja de 10 observaciones para 5 ensayos para una variable aleatoria uniforme. El código genera el siguiente diagrama de caja:

Plot área

Para crear un gráfico de área, tenemos que llamar ya sea *Series.plot.area ()* o *DataFrame.plot.area ()* **métodos** . Esto se demuestra a continuación:

importar pandas como pd

importar numpy como np

F rom matplotlib import pyplot

a = pd.DataFrame (np.random.rand (15, 4), columnas = ['v', 'w', 'x', 'y'])

a.plot.area ()

pyplot.show ()

La gráfica del área generada se verá así :

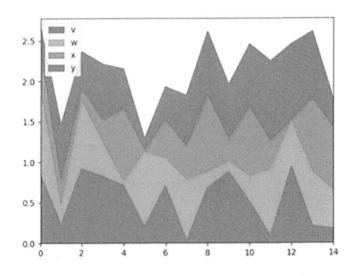

Gráfico de dispersión

Para crear un diagrama de dispersión, llamamos al **método *DataFrame.plot.scatter ()*** . Aquí hay un ejemplo:

importar pandas como pd

importar numpy como np

desde matplotlib import pyplot

df = pd.DataFrame (np.random.rand (30, 5), columnas = ['v', 'w', 'x', 'y', 'z'])

df.plot.scatter (x = 'v', y = 'w')

pyplot.show ()

El código genera la trama dada a continuación:

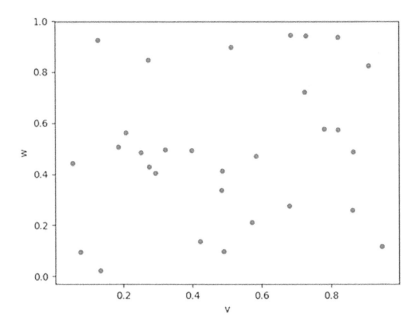

En el eje y tenemos w, mientras que en el **eje x** tenemos **v** . Los puntos de datos se muestran en la forma en que se distribuyen en el gráfico.

Gráfico circular

Un gráfico circular es una buena forma de mostrar el valor aportado por una determinada variable por el total aportado por todas las variables. Nos proporciona una forma de comparar los valores de diferentes variables en un conjunto de datos. Considere el siguiente ejemplo:

```
import pandas as pd
import numpy as np
from matplotlib import pyplot
p = pd.DataFrame(3 * np.random.rand(4), index=['w', 'x', 'y', 'z'], columns=[''])
p.plot.pie(subplots=True)
pyplot.show()
```

El código generará este gráfico circular cuando se ejecute. Del gráfico circular anterior, está claro que **z** tiene la contribución más alta, seguida de **w**. Las contribuciones hechas por **x** e **y** al conjunto de datos son casi iguales.

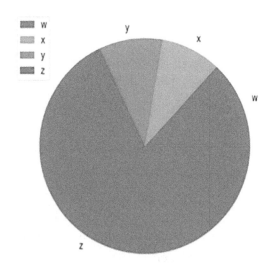

Diagrama de barras

Un diagrama de barras también puede ayudarlo a ver la variable con la mayor contribución en un conjunto de datos. La contribución individual de cada variable se representa en términos de una barra y el tamaño de la barra corresponde a la contribución individual de la variable. El siguiente código muestra cómo trazar un gráfico de barras con pandas:

```
import pandas as pd
import numpy as np
from matplotlib import pyplot
p = pd.DataFrame(3 * np.random.rand(4), index=['w', 'x', 'y', 'z'])
p.plot.bar()
pyplot.show()
```

El código generará el siguiente gráfico de barras una vez ejecutado:

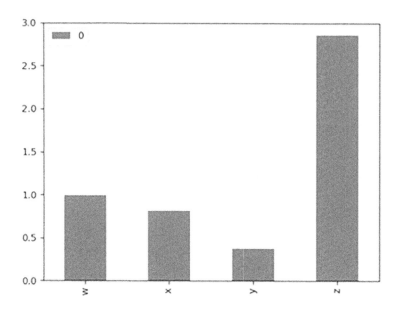

El diagrama de barras muestra que **z** tiene la mayor contribución, seguido de **w** , **x** y, por último, **y** . Esto significa que y tiene la contribución más pequeña.

Si necesita tener barras que se ejecutan horizontalmente, use el *método barh (apilado = True)* . Esto se muestra en el siguiente código:

```
import pandas as pd
import numpy as np
from matplotlib import pyplot
p = pd.DataFrame(3 * np.random.rand(4), index=['w', 'x', 'y', 'z'])
p.plot.barh(stacked=True)
pyplot.show()
```

Histograma

Un histograma también es una buena herramienta para la visualización de datos. En pandas, se puede trazar un histograma llamando al método *plot.hist ()* . El siguiente código muestra cómo trazar un histograma en pandas:

```
import pandas as pd
import numpy as np
from matplotlib import pyplot
p = pd.DataFrame({'x':np.random.randn(500)+1,'y':np.random.randn(500),'z':
np.random.randn(500) - 1}, columns=['x', 'y', 'z'])
p.plot.hist(bins=20)
pyplot.show()
```

El código generará el siguiente histograma:

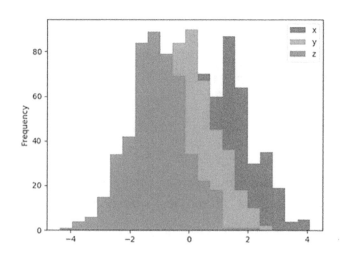

Capítulo 8

Construyendo un modelo predictivo

En esta sección del libro, vamos a construir un modelo predictivo ya que hemos hecho los datos utilizados para seguir modelando en los capítulos anteriores. Aquí, veremos el código de Python que debe usar para construir un modelo predictivo en su conjunto de datos. Para hacerlo, vamos a utilizar la biblioteca de Python más utilizada, Scikit-learn.

Scikit-learn es probablemente una de las bibliotecas de Python más útiles utilizadas para el aprendizaje automático. Está construido sobre Matplotlib y NumPy que contiene una amplia gama de diferentes herramientas utilizadas para el aprendizaje automático y modelos estadísticos, incluyendo regresión, clasificación, reducción de dimensionalidad y agrupación. Esta biblioteca se usa para construir varios modelos, no para leer los datos, resumirlos y manipularlos. Para eso, usamos Pandas y NumPy.

Scikit-learn viene con diferentes características que incluyen validación cruzada, algoritmos de aprendizaje supervisados, algoritmos de aprendizaje no supervisados y varios conjuntos de datos de juguetes. Por ejemplo, si desea importar las bibliotecas relevantes en Scikit-learn y luego leer su conjunto de datos, debe ejecutar el código de la siguiente manera.

importar numpy como np

importar matplotlib como plt

de sklearn importar conjuntos de datos

de sklearn métricas de importación

*de sklearn. lineal _ importación de modelos
LogisticRegression*

Una vez que importe las bibliotecas, puede leer sus datos como se ve a continuación.

conjunto de datos = conjuntos de datos. carga _ iris ()

La construcción de un modelo de regresión logística en su conjunto de datos cargado y hacer predicciones se detalla a continuación.

modelo ajuste (conjunto de datos. datos, conjunto de datos. objetivo)

esperado = conjunto de datos. objetivo

predicho = modelo. predecir (conjunto de datos. datos)

El último paso es imprimir una matriz de confusión.

print (métricas. clasificación _ informe (esperado, previsto))

print (métricas. confusión _ matriz (esperado, previsto))

Dado que scikit-learn requiere que todas sus entradas sean numéricas, debe convertir sus variables categóricas en numéricas simplemente codificando las categorías como se muestra a continuación.

de sklearn. preprocesar importación LabelEncoder

var _ mod = ['Sexo', 'Casado', 'Dependientes', 'Educación',
'Autónomo', 'Propiedad _ Área', 'Préstamo _ Estado'] le =
LabelEncoder ()

para i en var_mod:

df [i] = le. ajuste _ transformar (df [i])

df. dtypes

El siguiente paso es importar todos los modelos requeridos. Una vez hecho esto, puede definir sus funciones de clasificación genéricas que toman su entrada de modelo y determinan los puntajes de precisión y validación cruzada.

La validación cruzada es una técnica popular que implica reservar una muestra específica de un conjunto de datos en el que no entrena su modelo. Más tarde, puede probar su modelo en esta muestra antes de finalizarlo. La validación cruzada ayudará a mejorar el rendimiento de su modelo.

El primer paso es importar sus modelos desde la biblioteca scikit-learn. Una vez hecho esto, debe crear funciones genéricas para acceder a las actuaciones y clasificar su modelo. Luego, haces predicciones sobre tu conjunto de entrenamiento justo después de ajustar tu modelo. Una vez completado, debe imprimir con precisión y realizar validaciones cruzadas k-fold con cinco pliegues. El siguiente paso es filtrar los datos de entrenamiento y los algoritmos de entrenamiento, que utiliza el objetivo y los predictores. Finalmente, debe registrar cualquier error de cada validación cruzada y ajustar el modelo nuevamente, para que se pueda referir fácilmente fuera de la función.

de sklearn. lineal _ importación de modelos LogisticRegression

de sklearn. cross _ validation import KFold

de sklearn. Importación de conjunto RandomForestClassifier

de sklearn. árbol de decisión DecisionTreeClassifier, export _ graphviz

de sklearn métricas de importación

clasificación def _ modelo (modelo, datos, predictores, resultado)

modelo ajuste (datos [predictores], datos [resultado])

predicciones = modelo. predecir (datos [predictores])

precisión = métrica. precisión _ puntaje (predicciones, datos [resultado])

imprima "Precisión:% s"% "{0: .3%}". formato (precisión)

kf = kfold (datos. forma [0], n _ pliegues = 5)

error = []

para el tren, prueba en kf:

tren _ predictores = (datos [predictores]. iloc [tren,:])

entrenar _ objetivo = datos [resultado]. iloc [tren]

modelo ajuste (tren _ predictores, tren _ objetivo)

error agregar (modelo. puntaje (datos [predictores]. iloc [prueba,:], datos [resultado]. iloc [prueba]))

formato (np. media (error))

modelo ajuste (datos [predictores], datos [resultado])

Regresión logística

En esta sección, vamos a hacer un modelo de regresión logística. La mejor manera de construirlo es tomar todas las variables en su modelo, aunque esto provocará un ajuste excesivo del modelo. El sobreajuste ocurre en este caso, ya que tomar todas las variables puede hacer que los modelos subestimen todas esas relaciones complejas específicas de los datos, pero no las generalizará bien.

Podemos hacer algunas hipótesis para establecer este modelo. Por ejemplo, las posibilidades de obtener un préstamo bancario serán mayores para los solicitantes que tienen un nivel de educación superior, para los solicitantes que tienen algún historial crediticio como observamos en la exploración de datos, para un solicitante con mayores ingresos de cosolicitante y solicitante y para los solicitantes que viven en zonas urbanas con mayores perspectivas de crecimiento. Estas son nuestras hipótesis, por lo que podemos hacer nuestros modelos de regresión logística con el historial crediticio como se ve a continuación.

resultado _ var = 'Préstamo _ Estado'

modelo = LogisticRegression ()

predictor _ var = ['Crédito _ Historial']

clasificación _ modelo (modelo, df, predictor _ var, resultado _ var)

Obtendrá una precisión de alrededor del 80.945% y una puntuación de validación cruzada de alrededor del 80.946%. En este punto, puede probar una combinación diferente de variables de entrada de la siguiente manera.

predictor_var = ['Crédito _ Historia', 'Educación', 'Casado', 'Autónomo', 'Propiedad _ Área']

clasificación _ modelo (modelo, df, predictor _ var, resultado _ var)

En este caso, obtendrá una precisión del modelo de alrededor del 80.945% y una puntuación de validación cruzada de alrededor del 80.946%. Esperamos que la precisión de nuestro modelo aumente a medida que agreguemos más variables. Sin embargo, esto es más difícil ya que la validación cruzada y el puntaje de precisión no se ven afectados por esas variables menos importantes que ingresamos, ya que el historial crediticio de este problema está dominando nuestro modelo.

Por lo tanto, debe explorar las opciones. El primero es probar mejores técnicas de modelado que vamos a explorar ahora, o puede obtener nueva información e intentar predecirlas usted mismo.

Árbol de decisión

El árbol de decisión es un método muy popular para hacer modelos predictivos. Es conocido por proporcionar una mayor precisión en comparación con los modelos de regresión logística.

El árbol de decisión es un tipo de modelo de aprendizaje supervisado que tiene una variable objetivo predefinida que se usa regularmente para diversos problemas de clasificación, ya que funciona para variables de entrada y salida continuas y categóricas. Para el modelo predictivo del árbol de decisión, debe ejecutar el código como se muestra a continuación.

modelo = DecisionTreeClassifier ()

predictor _ var = ['Crédito _ Historia', 'Género', 'Casado', 'Educación']

clasificación _ modelo (modelo, df, predictor _ var, resultado _ var)

Una vez hecho esto, obtendrá una precisión de alrededor del 81.930% y una puntuación de validación cruzada de alrededor del 76.656%. Verá que el modelo, que se basa en variables categóricas, no puede tener mucho efecto aquí ya que el historial de crédito todavía domina nuestros modelos. Puede probar varias variables numéricas para cambiar esto.

predictor_var = ['Crédito _ Historial', 'Préstamo _ Cantidad _ Plazo', 'Cantidad de préstamo _ log']

clasificación _ modelo (modelo, df, predictor _ var, resultado _ var)

En este caso, obtendrá una precisión del modelo de alrededor del 92% y una puntuación de validación cruzada de alrededor del 71%. Aquí, puede ver que a pesar del hecho de que la precisión de nuestro modelo aumentó a medida que agregamos más variables, el error de validación cruzada simplemente disminuyó.

Este es el resultado de problemas muy comunes del modelo que sobreajusta los datos. Por lo tanto, deberíamos probar el bosque aleatorio que es un algoritmo más sofisticado capaz de resolver este problema.

Bosque al azar

El bosque aleatorio es otro algoritmo generalmente utilizado para resolver diversos problemas de clasificación. También son adaptables para resolver muchos tipos de problemas de regresión. La mayor ventaja del bosque aleatorio es que puede hacer que funcione con todas las características del modelo y devuelve una matriz de importancia de características que puede usar para seleccionar características específicas de la siguiente manera.

modelo = RandomForestClassifier (n _ estimadores = 100)

predictor_var = ['Género', 'Casado', 'Dependientes', 'Educación', 'Autónomo', 'Préstamo _ Cantidad _ Plazo', 'Crédito _ Historial', 'Propiedad _ Área', 'LoanAmount _ log' , 'TotalIncome _ log']

clasificación _ modelo (modelo, df, predictor _ var, resultado _ var)

Una vez hecho esto, obtendrá una precisión de alrededor del 100% y una puntuación de validación cruzada de alrededor del 78%. Puede ver que obtiene la mejor precisión para su conjunto de entrenamiento. Este es el caso más común de sobreajuste de modelos que puede resolver de dos maneras. El primero es reducir el número de predictores contenidos y el segundo es ajustar los parámetros del modelo. Intentaremos ambos. Primero, debe ver la matriz de importancia de la característica general de la que tomará las características más importantes. Para hacerlo, debe crear una serie con todas las características importantes como se ve a continuación.

featimp = pd. Serie (modelo. Característica _ importances _,

112

índice = predictor _ var). ordenar _ valores (ascendente = falso)

imprimir featimp

Luego, debe usar las cinco principales variables para crear su modelo predictivo. Además, debe modificar un poco los parámetros para evitar un ajuste excesivo de la siguiente manera.

model = RandomForestClassifier (n _ estimadores = 25, min _ muestras _ split = 25, max _ profundidad = 7, max _ características = 1)

predictor _ var = ['TotalIncome _ log', 'LoanAmount _ log', 'Credit _ History', 'Dependents', 'Property _ Area']

clasificación _ modelo (modelo, df, predictor _ var, resultado _ var)

Una vez hecho esto, obtendrá una precisión de alrededor del 82% y una puntuación de validación cruzada de alrededor del 81%. Verá que la precisión se reduce significativamente, pero su puntaje de validación cruzada está mejorando considerablemente, lo que significa que su modelo finalmente se está generalizando bien.

Sin embargo, tenga en cuenta que los modelos de bosque aleatorios generalmente no son exactamente repetibles. Verá que diferentes ejecuciones resultan en variaciones debido a la aleatorización, pero su salida debe permanecer igual.

También habrá notado que incluso después de algunos ajustes de parámetros en su modelo de bosque aleatorio, ha alcanzado una precisión de validación cruzada, que es ligeramente mejor en comparación con su modelo de regresión logística original. Por lo tanto, usar modelos más sofisticados realmente no garantiza mejores resultados. Además, al evitar técnicas de modelado más complejas, aumenta la tendencia del modelo hacia un ajuste excesivo, por lo que obtiene modelos que son menos interpretables. Por lo tanto, concéntrese en su creatividad, que es el verdadero arte que conduce a modelos mejor mejorados, mayor precisión y mejores puntajes de validación cruzada.

En esta sección, ha aprendido métodos básicos de análisis de datos en Python. También aprendió a implementar algunas de las técnicas de análisis de datos más avanzadas y sofisticadas que se utilizan en la actualidad.

Python es realmente una herramienta increíble que se está convirtiendo rápidamente en un lenguaje de programación muy popular entre el análisis de datos y los científicos de datos.

Una de las razones principales es porque es muy fácil de aprender. Python también se integra increíblemente bien con otras bases de datos comunes; herramientas tradicionales y de nuevo desarrollo como Hadoop y Spark. Python tiene poderosas bibliotecas de análisis de datos y viene con una gran intensidad computacional, por lo que es una de las mejores opciones cuando se trata de análisis de datos.

Capítulo 9

CRISP-DM para el modelado predictivo

El modelado predictivo es una parte del análisis de datos del que hemos estado hablando indirectamente durante casi todo este libro. Es lo primero que piensan las personas cuando piensan en cualquier forma de análisis. El modelado predictivo es lo que le permite predecir el futuro dados los datos actuales y pasados.

Esto es lo que usará para determinar qué necesita la empresa para la que está trabajando y cómo debe enmarcar el problema. Una vez que haya descubierto cuál es el problema, deberá modelarlo. Modelar un problema significa crear una especie de "espejo" del mismo, simplificando el problema a sus porciones más simples.

En este capítulo, veremos cómo podemos aplicar un marco basado en Python para realizar el modelado predictivo. Veremos todo esto a través de los ojos del proceso CRISP-DM , que le resultará familiar para cuando termine este capítulo.

CRIS-DM significa Proceso estándar de la industria cruzada para la minería de datos. Es el proceso fundamental de código abierto por el cual funciona la mayoría de las operaciones mineras. Es crucial para el análisis, así que asegúrese de familiarizarse con él lo antes posible.

Veamos cómo harías algunas tareas diferentes en CRISP-DM, ¿de acuerdo?

Transformando y preparando datos

Ahora que hemos aprendido cómo cargar un conjunto de datos, necesitamos aprender a manipularlo, ¿no? Entonces, veremos cómo se pueden cambiar las diferentes descripciones de variables y contenidos usando, por ejemplo, df.info () y df.head (). Vamos a convertir una variable 'Sí' 'No' en 1/0. Así es como harías tal cosa:

df ['target'] = df ['a']. apply (lambda b: 1 si a == 'yes' else 0)

Comprender los datos

Si bien a veces los datos son fáciles de entender e intuitivos, otras veces pueden ser bastante complejos. Mirar la causalidad y la correlación puede parecer simple desde el punto de vista de un extraño, pero desde el punto de vista de las estadísticas, no está cerca de eso. Pongamos un ejemplo; ¡verifiquemos si faltan valores en cada parte de nuestro código!

*df.isnull (). mean (). sort_values (ascendente = False) * 1000*

A continuación, echemos un vistazo a si estas variables (ayb) están conectadas o no.

importar alfa como sns

importar matplotlib.pyplot como plt

% matplotlib en línea

corr = df.corr ()

sns.heatmap (corr,

   aticklabels = corr.columns,

bticklabels = corr.columns)

Ahora, usemos lo que hemos aprendido en el capítulo 4 para visualizar estos datos como un diagrama bivariado, ¿de acuerdo? De esta manera, será mucho más fácil presentar.

coloured_bar = '# 050caa'

color_num = '# ea8849'

final_iv, _ = data_vars (df1, df1 ['target'])

final_iv = final_iv [(final_iv.NAME! = 'target')]

grouped = final_iv.groupby ([NOMBRE])

para clave, grupo en agrupados:

ax = group.plot (MINIMO, 'RATE', kind = 'bar', color = colored_bar, linewidth = 2.0, edgecolor = [rojo])

ax.set_title (str (clave) + "vs" + str ('objetivo'))

ax.set_xlabel (clave)

ax.set_ylabel (str ('target') + "%")

rects = ax.patches

para rect en rectos:

height = rect.get_height ()

*ax.text (rect.get_x () + rect.get_width () / 2., 1.01 * height, str (round (height * 100,1)) + '%',*

ha = 'center', va = 'bottom', color = colored_num,
fontweight = 'bold')

Seleccionando sus variables correctamente

El proceso de creación de variables puede ser bastante difícil. Después de todo, no puedes tomar aleatoriamente algunos factores y tomarlos como variables. En este marco, las variables generalmente se seleccionan en función de un sistema de votación, que se rige por diferentes algoritmos para elegir las características que se necesitan y asignar un valor a cada una de ellas. Finalmente, el marco utilizará los votos para determinar cuál es el mejor para el enfoque de modelado predictivo.

Es esencialmente un arte. Además, es bastante complejo; muchas empresas incluso externalizarán su código de selección variable. Realmente no podemos mostrarle un ejemplo (ya que probablemente tendría más de 1000 líneas de largo), pero una búsqueda rápida de Github debería ayudarlo con eso.

Por otro lado, después de obtener sus variables, deberá dividirlas en una prueba y una parte del tren. ¡Veamos cómo lo harías!

de sklearn.cross_validation import train_test_split

train, test = train_test_split (df1, test_size = 0.4)

train = train.reset_index (drop = True)

test = test.reset_index (drop = True)

features_to_train = train [list (vif ['Características'])]

labelled_to_be_trained = train ['objetivo']

feature_to_test = test [list (vif ['Características'])]

Labelled_to_be_tested = prueba ['objetivo']

Para el conjunto de datos de entrenamiento, querrás someterlo a una variedad de algoritmos que evalúan el rendimiento. Esto se hace para asegurarse de que el modelo, así como la selección de variables, sea lo suficientemente estable como para satisfacer sus necesidades. Este marco tiene una variedad de opciones diferentes compatibles, que van desde tipos de bosque aleatorio, regresión logística y otras hasta pruebas de bayers ingenuos. Si lo hicieras de forma aleatoria en el bosque, así es como lo harías:

de sklearn.ensemble import RandomForestClassifier

clf = RandomForestClassifier ()

clf.fit (features_to_train, etiquetado_to_be_trained)

prediction_train = clf.predict (features_to_train)

prediction_test = clf.predict (feature_to_test)

de sklearn.metrics import precision_score

precisionof_train = precision_score (pred_train, label_to_be_trained)

precisionof_test = precision_score (pred_test, label_to_be_tested)

de sklearn métricas de importación

fpr, tpr, _ = metrics.roc_curve (np.array (Label_to_be_trained), clf.predict_proba (features_to_train) [:, 1]) auction_train = metrics.auc (fpr, tpr)

*fpr, tpr, _ = metrics.roc_curve (np.array
(Label_to_be_tested), clf.predict_proba (feature_to_test) [:,
1])*

Auction_test = metrics.auc (fpr, tpr)

Evaluando el éxito

El modelo final te dará una precisión mucho mejor que simplemente alejarte de tus sentimientos. Por otro lado, esto está lejos de ser todo lo que necesita hacer cuando se trata de modelado predictivo. Hay suficiente para llenar un libro completamente diferente al respecto. Desde gráficos reales frente a gráficos pronosticados, predicciones de ganancias, etc. a asuntos más complejos como curvas ROC y deciles.

Estos se seguirán más adelante en un libro futuro, pero por ahora, el conocimiento que ha obtenido hasta ahora debería ser suficiente.

Finalmente, echemos un vistazo a su carrera, ¿de acuerdo? Después de todo, ¡no tiene sentido aprender análisis de datos si no planea hacer nada con él!

Capítulo 10

Aplicaciones de Carrera

Ahora, hemos revisado todas las habilidades y bibliotecas que necesitará para dominar, a fin de convertirse en un analista de datos con Python. Naturalmente, esto es solo rascar la superficie, acabamos de repasar los hechos más importantes que necesita saber antes de que su carrera se ponga en marcha.

Dicho esto, necesitas saber cuál será esa carrera, ¿no? A diferencia de lo que sugeriría la creencia popular, estudiar el análisis de datos no implica tener que convertirse en analista. De hecho, el análisis de datos está tan extendido hoy que su conjunto de habilidades será deseado en casi cualquier lugar.

Pero no nos adelantemos aquí, primero veamos algunos de los trabajos relacionados con el análisis de datos más buscados:

1. Analista de sistemas de TI

Este es uno de los trabajos con salarios más bajos que puede trabajar como analista de datos. Incluso entonces, normalmente verá cifras de alrededor de $ 69,000 al año por sus servicios. Esto también es muy a menudo un excelente punto de entrada a una empresa, porque demasiadas personas más arriba, solo sonará como "El chico de TI" dándote más movilidad vertical porque estarás menos encadenado a un nicho en particular.

El nivel de conocimiento que tendrá que poseer antes de convertirse en uno de estos variará según la empresa. Para explicar cuán vago es este trabajo, piense en una publicación de empleo en 2019 que solicite un "programador de computadoras", seguro de que puede saber programar computadoras, pero es posible que no sepa los idiomas o los marcos que usa la compañía. Debido a esto, solo es aconsejable solicitar estos trabajos si está absolutamente seguro de lo que está haciendo la empresa.

A veces, usarás Python, como te han enseñado en este libro. otras veces, puede estar utilizando el software de terceros, o incluso tener la tarea de probar y desarrollar software. Es posible que también tenga que hacer sus propias herramientas, aunque esto exigiría un pago más alto (o al final, debería pedirlo, ya que no encontrarán muchas personas competentes a 69 mil dólares al año).

2. Analista de datos sanitarios

Esto se explica por sí mismo; Usted analiza los datos de salud. Si bien el trabajo parece simple, en realidad es bastante desafiante, interesante y como muchos puestos en la industria de la salud: mal pagado. Con solo alrededor de $ 62,000 al año, es, con mucho, la posición peor pagada de esta lista.

En el lado positivo, se le encargará investigar nuevos métodos para mejorar la vida de innumerables personas. Trabajarás con algunas de las mentes más brillantes de la ciencia médica tratando de resolver problemas que no pudieron.

También hay un montón de datos en la industria de la salud. Si está muy decidido a trabajar con análisis de datos técnicos y le faltan sus habilidades blandas, esta posición podría ser para usted. Con tantos puntos de datos, proporcionados por cosas como relojes inteligentes y teléfonos inteligentes con calculadoras, tendrá dificultades para encontrar un campo con más datos disponibles.

Si bien la posición actualmente no se paga muy bien en los Estados Unidos, esto promete cambiar. Con muchas leyes diferentes que rigen la forma en que se manejan los datos, la necesidad de un analista de datos competente también se dispara.

3. Analista de operaciones

Como analista de operaciones, en su mayoría trabajará en grandes empresas, aunque si ha demostrado ser lo suficientemente bueno, puede ser aconsejable trabajar por cuenta propia o abrir una empresa de consultoría.

Ahora, el salario promedio de un analista de operaciones es de $ 75 000 al año, lo que lo hace bastante bien pagado. Sin embargo, vale la pena tener en cuenta que esta estadística incluye a todos los analistas de operaciones, que se encuentran en, bueno, todo. Militares, servicios de alimentos, bancos, todos necesitan un analista de datos interno.

Si desea ser parte interna del éxito de una empresa, entonces el trabajo de un analista de operaciones podría ser para usted. Descubrirá que está manejando a las personas casi tanto como los datos. Tendrá la tarea de crear sistemas de informes, así como analizar la eficiencia de las operaciones internas del negocio, como la fabricación y distribución de bienes.

En esta posición, es extremadamente importante estar bien versado en los negocios. Si bien necesitará tener un conocimiento de alto nivel de los sistemas que está utilizando, nada de eso significa nada a menos que sepa cómo aplicarlo a asuntos prácticos y comerciales.

4. Científico de datos

El científico de datos, en este punto, se ha convertido más en una palabra de moda que en un trabajo real. Si bien sí, estará recopilando y analizando datos para llegar a un resultado, en general, se lo verá por encima de un analista de datos. Mientras que un analista analiza los datos de bajo nivel y los aplica al funcionamiento interno de una empresa, un científico no tiende a molestarse con eso. Tendrás la tarea de ocuparte de las propiedades teóricas de los datos y observar el panorama general.

Aquí es donde sus habilidades de programación y visualización de datos realmente dan resultado. Estas posiciones son extremadamente intensas cuando se trata del nivel de conocimiento técnico necesario para desempeñarlas con éxito. Deberá tener una comprensión muy firme de las especificaciones técnicas exactas de las herramientas y los idiomas que está utilizando. Desafortunadamente, este libro no cubre lo suficiente como para calificarlo, pero el 2 ° y 3 ° de la serie funcionarán bien.

Si está buscando una posición desafiante que lleve sus capacidades al límite, esta puede ser la posición adecuada para usted. El salario promedio de un analista de datos es de aproximadamente $ 91,000 y solo tiene una tendencia al alza. Con un salario promedio de casi 6 dígitos, probablemente pueda imaginar cuánto hacen los de nivel superior.

Si está buscando convertirse en un científico de datos, necesitará un poco más que Python. Mirar más allá y consultar tutoriales técnicos sobre otros lenguajes y marcos sería una gran idea. Tener una comprensión firme de al menos un lenguaje del lado del servidor como SQL, y uno funcional como Haskell sería ideal.

5. Ingeniero de datos

Ser un ingeniero de datos depende esencialmente de qué tan bien puede optimizar los grandes conjuntos de datos que le dan y aplicarlos a una situación práctica.

Aquí, su conocimiento teórico es un esclavo de los aspectos prácticos. Si algo no es práctico, es inútil, no importa cuán bonitos puedan ser los datos. Por ejemplo, podría estar analizando datos sobre el flujo de agua en una ciudad, verificando cuántos puerros por metro cúbico de tubería hay, etc. Luego aplicaría el análisis para descubrir cómo hacer una tubería muy eficiente .

Naturalmente, esta posición es más frecuente en la industria tecnológica. Allí, buscará canales de adquisición y acelerará las consultas que proporciona una base de datos establecida.

Junto con casi todos los otros puestos profesionales que tienen la palabra "ingeniero", los ingenieros de datos reciben un pago muy bueno, con un salario promedio similar al de un analista de datos.

A pesar de que los dos trabajos se encuentran en extremos completamente opuestos de la escala teórico-práctica, ambos tienen un gran pago debido a la cantidad de comprensión requerida para realizarlos de manera efectiva.

6. Analista cuantitativo

Aquí hay otra posición extremadamente viable. Los analistas cuantitativos se emplean principalmente en el campo de las finanzas. Allí, se le encargará ocuparse del análisis de datos para predecir movimientos financieros, administrar riesgos y encontrar buenas oportunidades para que su empresa invierta.

Esto lo coloca en un papel muy central en la empresa. Por lo tanto, el salario medio para este puesto también es bastante alto. Si bien el salario promedio es de alrededor de $ 83,000, no es donde entra en juego el verdadero potencial de ingresos de esta posición.

El potencial de ingresos real de convertirse en un analista cuantitativo se deriva del hecho de que podrá crear sus propios modelos para predecir el movimiento del mercado financiero. Acciones, criptomonedas, bonos internacionales, lo que sea. ¡Incluso podría abrir su propia empresa!

7. Consultor de análisis de datos

Ahora, este rol es extremadamente variable. Si bien el salario promedio es de aproximadamente 80 mil dólares, descubrirá que varía extremadamente. Encontrará a un consultor trabajando con más de 6 cifras, mientras que otro apenas alcanza la mitad de la mediana.

Su papel como consultor será brindarle a su empresa información valiosa sobre lo que está sucediendo con sus datos. En esta posición, es muy importante especializarse. Elija un nicho y manténgalo; Este campo recompensa a aquellos que se quedan con sus armas durante mucho tiempo.

La descripción del trabajo puede sonar bastante similar a la de un analista de datos, y bueno, es más o menos el mismo trabajo. La principal diferencia es que los consultores tienden a ser autónomos independientes y se emplean por contrato. Esto significa que su movilidad profesional aumentará, pero la seguridad laboral es casi inexistente.

Por otro lado, esta posición le permite trabajar para múltiples compañías a la vez. Esto ayuda bastante, ya que ser despedido de un concierto no te dejará desempleado de repente.

Si te gusta cambiar de trabajo de vez en cuando y estás de acuerdo con agarrar un nicho y mantenerte en él, entonces considera esta posición. Es una excelente posición para todos los enfermos y cansados del entorno tradicional de oficina. Trabajar de forma remota también es algo a considerar, ya que es muy fácil trabajar desde cualquier parte del mundo como consultor.

8. Gerente de marketing digital

Ahora, esto es un poco poco ortodoxo. A pesar de la creencia popular que insiste en que los gerentes nunca hacen nada, el análisis de datos se está convirtiendo lentamente en algo esperado de cualquiera que intente ingresar al campo del marketing digital. Si tiene más habilidades que solo análisis, entonces podría ser el adecuado para un puesto como este. La parte más importante de esta posición es tener un conjunto de habilidades amplio y variado.

Simplemente poder codificar Python no será suficiente aquí. Necesitará tener habilidades de gestión, habilidades blandas, así como algunos conocimientos empresariales necesarios.

En este campo, a menudo utilizará aplicaciones de terceros como Google Analytics para proporcionarle datos. Naturalmente, algunas empresas utilizarán sus propias herramientas, o incluso otras de terceros, para descubrir la propagación de su tráfico desde todas sus fuentes. Si bien todo esto requiere que tenga excelentes habilidades de análisis de datos, más tarde tendrá que delegar esta información a un equipo. Debido a esto, es aprender a comunicar temas complejos relacionados con la computadora a un público no experto en tecnología.

Las empresas gastan mucho dinero en anuncios. Miles de millones se lanzan cada año en intentos fallidos de marketing. En un esfuerzo por evitar que esto suceda, muchas de las empresas más grandes del mundo han estado empleando analistas como gerentes.

Al igual que la mayoría de los otros puestos gerenciales, este tiene un salario promedio muy alto, pero también un diferencial bastante grande. Dicho esto, con el salario medio anual de $ 97, 000, tendrá dificultades para no obtener un trabajo bien remunerado al menos.

9. Gerente de proyecto

Ser un gerente de proyecto tiende a requerir un poco menos de habilidad que ser un gerente de marketing digital, pero aun así, es una posición que ha tenido requisitos cada vez mayores.

Actualmente, se esperaría que un gerente de proyecto superior utilice múltiples herramientas de análisis para determinar qué tan bien está funcionando su equipo. Con un salario medio de alrededor de $ 73, 000, no es tan malo para tanto trabajo.

En este rol, dado que administrará un equipo, sus habilidades de análisis de datos tendrán que pasar a un segundo plano frente a las habilidades blandas más orientadas a las personas. Dicho esto, te encontrarás con muchas situaciones en las que estas habilidades te ayudarán.

Si odias trabajar en grandes empresas, entonces este puesto no es para ti. Esto se debe principalmente a que los gerentes de proyectos generalmente solo son necesarios cuando la magnitud de la empresa es lo suficientemente grande como para que no puedan delegar las tareas de gestión a los gerentes superiores. Sin embargo, los gerentes de proyecto tienen una movilidad vertical decente, con un camino casi claro hacia un gerente de cadena de suministro, que recauda bastante más dinero.

10. Especialista en logística de transporte

Aquí hay un área bastante interesante. Como especialista en logística de transporte, ¡tratarás de resolver el transporte de la mejor manera! Este puede ser el transporte de cualquier cosa, desde el transporte de piedras curativas desde el Amazonas hasta el transporte de ministros de Asuntos Exteriores. Estarás lidiando con algunas cosas realmente importantes en esta posición.

Tener una sólida formación en análisis de datos no es necesario para este trabajo. Dicho esto, es extremadamente útil; el trabajo le exigirá que sea capaz de determinar la forma más eficiente de transportar mercancías. Esto puede ser difícil de hacer sin las habilidades necesarias para mirar una gran cantidad de datos y descubrir dónde están los cuellos de botella. Después de eso, dependerá de ti descubrir cómo resolverlos.

Un salario promedio que puede esperar obtener es de aproximadamente $ 79,000 al año. Lo cual no es tan malo, especialmente para un trabajo tan entretenido. Si puede pensar detenidamente sobre los detalles minuciosos y es bueno manejando tecnicismos y pensando de antemano, entonces puede ser que ser un especialista en logística de transporte es ideal para usted.

Solo hemos observado datos en los Estados Unidos para estos ejemplos. Las escalas salariales pueden variar en su país o incluso ciudad. Dicho esto, la mayoría de los trabajos en análisis de datos dependen de la economía local. Por ejemplo, en los Estados Unidos, Boston y Portland son mucho mejores para un análisis de datos que, por ejemplo, Nuevo México.

Una cosa excelente de ser un científico de datos fuera de los EE. UU. Es que aún puede tener un salario en los EE. UU. Los EE. UU. Tienen algunos de los costos de vida más altos del mundo, por lo que si vives en una nación más barata y trabajas de forma remota, vivirás el lujoso estilo de vida de tus sueños en poco tiempo. De todos modos, los trabajos en análisis de datos tienden a ser altamente competitivos en términos salariales, y esto se intensifica aún más por su menor costo de vida.

Ahora, consideremos una ocupación única, que rara vez se encuentra en muchos otros campos:

Freelancing

El análisis de datos tiene disponible una cantidad casi infinita de trabajo independiente y posiciones remotas. Si bien ya hemos analizado el potencial que ofrece el trabajo remoto, si sus habilidades son lo suficientemente agudas, su carrera prosperará más como freelance.

Probablemente ya lo sepa, pero el trabajo independiente es esencialmente un trabajo por contrato remoto. Usted mismo se comunica con los clientes e intenta que ellos lo contraten. Lo mejor de ser un profesional independiente es que eres tu propio jefe, nunca nadie podrá dictar tu salario o despedirte.

Claro, puede perder un proyecto o dos, pero eso es lo bueno de esto, puede asumir tanto trabajo como sea capaz de hacer. Esto hace que la cultura laboral sea mucho más fácil de disfrutar.

Piense en otros que trabajan 8 horas al día, 4 de esas 8 horas probablemente se gastan de manera inútil. Por otro lado, como profesional independiente, todo el tiempo que pases "en el trabajo" lo pasarás trabajando y ganando dinero.

Esto hace que el trabajo independiente sea muy atractivo para aquellas personas que se enorgullecen de su trabajo. Después de todo, todo su trabajo será un testimonio de sus habilidades.

El trabajo independiente probablemente no sea la mejor manera de comenzar tu carrera, ya que sin una cartera tendrás muchas dificultades para conseguir trabajo. Por otro lado, si tiene una cartera extensa, el trabajo independiente puede ser justo lo que necesita.

Cuando se trata de salarios medios, es casi imposible averiguar para autónomos. Después de todo, cualquiera puede cobrar lo que quiera. Por otro lado, para la mayoría de los freelancers, las tasas de pago como $ 100 por hora no son desconocidas. Algunos de ellos, en plataformas como UpWork, ganan más de $ 250 por hora por servicios de consultoría.

Hay dos formas principales de abordar una carrera independiente. El primero es enviar correos electrónicos a las empresas y nuevas empresas que crees que necesitan tus servicios, la creación de redes ayuda mucho en esto. Asista a eventos y anuncie sus servicios siempre que pueda.

Intentar asistir a los eventos de inicio es excelente en este caso, incluso puede acercarse a las empresas en persona y compartir sus detalles para que puedan recurrir a sus servicios.

La razón por la cual el trabajo independiente está en el fondo de estas ocupaciones es que, bueno, difícilmente es una ocupación. El trabajo independiente es más parecido a administrar su propio negocio. Tienes que ser tu propio PR, tu propio marketing y tu propio jefe. Toda esta responsabilidad puede ser bastante difícil de asumir para cualquiera. Tendrá que sobresalir en todas estas áreas para dar a conocer su presencia.

Es importante reunir testimonios de clientes anteriores; todas las personas para las que ha trabajado son un activo valioso para lograr que se establezca más trabajo. Es por eso que, como profesional independiente, es extremadamente importante obtener una amplia red de clientes satisfechos.

Por otro lado, tiene la ruta de usar sitios agregados como UpWork como su fuente de trabajo. Si no ha oído hablar de esto anteriormente, básicamente le permiten encontrar trabajo independiente a través del equivalente independiente de una bolsa de trabajo tradicional.

Estas bolsas de trabajo tienen tanto pros como

Problemas laborales más comunes

Independientemente de si busca un trabajo de tiempo completo en el campo, o si está utilizando análisis de datos en su carrera preexistente, enfrentará ciertos problemas con su trabajo. No siempre puede tener un flujo de trabajo impecable y eficiente, nadie puede hacerlo, si pudiera, pronto se volvería obsoleto porque habría innumerables personas como usted.

Si bien algunas partes del trabajo en ciencia de datos son absolutamente sorprendentes, todavía hay algunos problemas. Puedes frustrarte fácilmente, especialmente porque la mayoría de tus superiores no sabrán en detalle qué es lo que haces. Es muy difícil comunicar a los no analistas de datos exactamente lo que haces. Debido a esto, la publicación es propensa a malentendidos y mala gestión.

Si bien todo eso es cierto, algunos de los problemas que tendrá se pueden gestionar y resolver. En esta sección, veremos las quejas más comunes que han tenido las personas que trabajan con análisis de datos en el pasado, así como la forma de resolverlas sin demasiadas consecuencias.

La gerencia espera el mundo

Este problema es especialmente frecuente en puestos que requieren que realice un grado de modelado de datos. La mayor parte del modelado de datos se refiere a la recopilación y limpieza de los datos para que realmente puedan utilizarse. Obviamente, esto es un gran problema por culpa del gerente, ya que muchos de ellos de repente tienen una idea y esperan que se haga a último momento.

Obviamente, a veces los modeladores tienen la culpa, pero desafortunadamente, la mayoría de las veces, los gerentes simplemente no entienden el trabajo. En el mundo de la administración, es bastante común insertar cosas de último momento, pero en el análisis de datos eso es básicamente imposible.

Su gerente podría aparecer y decirle "Hey, vamos a incluir un historial de redes sociales en nuestro último análisis. ¿Bueno? Genial, te veré en 15 minutos cuando esté listo.

Ahora, si suspira ante este tipo de solicitud, al menos hay algunas soluciones para ello. No resolver este problema puede causar retrasos graves o alguna insatisfacción grave por parte de sus gerentes. Lo peor aquí es que ambos lados del argumento son completamente comprensibles. Los científicos de datos simplemente no pueden lidiar con esto en un período de tiempo tan corto, y los gerentes tendrán dificultades para entenderlo.

Las quejas serias acerca de que los gerentes no son razonables y esperan que el mundo sea bastante común en la mayoría de los campos técnicos, especialmente aquellos relacionados con la programación y la inteligencia artificial. Afortunadamente, existen algunas soluciones, y la mayoría de ellas se preocupan por mejorar sus habilidades de comunicación, al mismo tiempo que tienen claras las posibilidades de lo que es posible y lo que no.

En primer lugar, debe mantener la comunicación abierta, pero mantener una fecha firme "sin cambios". Después de esa fecha, asegúrese de que su gerente sepa que no se procesarán cambios. Desafortunadamente, algunos gerentes no se dejarán influenciar por esto.

Sea claro sobre lo que puede o no puede hacer. No puede esperar que su gerente esté perfectamente versado en análisis de datos. El principal error que cometen los gerentes aquí es esperar que los científicos de datos utilicen conjuntos de datos que contienen datos malos, pequeños o nulos y que realmente tienen algo que mostrar al final del día.

Es imperativo explicarle a su gerente lo que puede y no puede hacer. Dales algunos artículos útiles para que lean sobre lo que ML e IA pueden lograr, en lugar de lo que probablemente hayan leído. En estos días, ML y AI están siendo promocionados para ser esencialmente omnipotentes y capaces de convertir cualquier conjunto de datos en información extremadamente valiosa.

Desafortunadamente, como saben, esto está bastante lejos de la verdad. El análisis que realice tiene un límite de cuán bueno puede ser, y ese límite es la calidad de los datos que se le proporcionan. Naturalmente, puede usar la interpolación y la extrapolación para "tapar" los agujeros en un conjunto de datos, pero no es como si hubiera una varita mágica que simplemente puede apuntar a la computadora para crear datos. Si te dan una semana de información de ventas, no importa lo bueno que seas; no podrá predecir con precisión las ventas del próximo año.

Lo mejor que puede hacer al respecto es prestar atención a qué tipo de empresa solicita. ¿Ya tienen muchos científicos de datos a bordo? ¿Ya recopilan muchos datos buenos? ¿Son tal vez lo suficientemente adaptables para comenzar a recopilarlo tan pronto como te unas? Si la respuesta a estas preguntas es no, es posible que desee reconsiderar trabajar allí. Es importante abordar esto desde el principio para que no te afecte en el futuro.

Además de eso, trate de explicarle a su gerente que las alteraciones de última hora son muy difíciles, y trate de usar frases como "Sí, podría hacerlo totalmente, solo agregará unos 5 días al cronograma". estar cantando una melodía diferente pronto.

Malentendido sobre cómo funcionan los datos

En general, las personas piensan en los datos como un conjunto de información, una verdad si se quiere. Esto no podría estar más lejos de la verdad. Los datos son meramente hechos hasta que alguien llega y pone algo de contexto en ellos.

Este es un problema que puede afectar básicamente a todos; su jefe, su gerente, incluso puede caer en esta mentalidad defectuosa. Tener cuidado de no pensar en los datos, ya que la información es una de las partes más cruciales de ser un experto en análisis de datos.

Fundamentalmente, es extremadamente importante recordar que incluso si su título es "analista de datos" en lo que respecta al trabajo real, el analista viene antes que los datos. Fomentar una cultura de datos en primer lugar en el lugar de trabajo es una forma segura de que cada uno de sus esfuerzos sea anunciado por un fracaso total. Es fácil olvidar que los datos necesitan contexto para ser útiles, y es muy fácil caer por la pendiente resbaladiza de los datos de culto.

Dar el contexto es tu trabajo; su trabajo es pensar en los datos, enmarcarlos. Los datos en sí son como una moza para un mecánico. No elogias a la muchacha por arreglar el coche, por lo que tampoco debes confiar demasiado en los datos. Debe conocer las condiciones más amplias, por ejemplo, las tendencias del mercado que no están en los datos deben considerarse.

Si bien sus gerentes pueden estar más inclinados a confiar en los números, su trabajo consiste en revelar dónde pueden estar defectuosos esos números, qué podría estarlos afectando y cuál es la verdad más cercana. Afortunadamente, este es un problema fácil de resolver; solo déjalos tenerlo.

Si su gerente se quema por unos pocos millones porque confiaron en los datos más que usted, entonces la próxima vez puede estar seguro de que prestará más atención a sus palabras la próxima vez.

Ahora, también debe considerar el sesgo de la recopilación de datos cuando se trata del trabajo. Todos los procesos de recopilación de datos son susceptibles a ciertos sesgos. Digamos que está analizando un mercado en función de cuántas personas compran en el sitio de la empresa. En este caso, el sesgo está en las personas más jóvenes y más conocedoras de la tecnología, ya que las personas mayores tienen más probabilidades de comprar en tiendas físicas.

Tomando la culpa de las malas noticias

Desafortunadamente, cuando se trata de ser un científico de datos, es probable que sus recomendaciones terminen en una de tres formas: un bono, una promoción o la expulsión del trabajo.

El peligro de trabajar como cualquier persona que se preocupe por el análisis de datos es que a menudo tendrá que comunicar las malas noticias a sus jefes. Desafortunadamente, no todos han leído el libro de guerra de Sun Tzu y se niegan a dispararle al mensajero. Si su análisis de datos muestra que hay problemas serios en la empresa, o incluso que la empresa se dirige hacia su propia destrucción, es muy probable que sus jefes sean menos amables.

La presentación de esta información puede resultar muy incómoda e incómoda, y a veces puede tener consecuencias desastrosas. En la mayoría de los casos, no tendrás la culpa de esto, pero eres un enlace fácil a chivo expiatorio. Cualquier gerente puede echarte la culpa fácilmente, y es posible que tu jefe no esté lo suficientemente versado como para verlo.

Ahora, en última instancia, este es un problema que no puede resolver con precisión. Si su jefe lo culpa por lo que descubre después de buscar en los datos de la compañía, probablemente querrá verificar si su currículum está actualizado lo antes posible. No necesita, y no debe soportar ser atacado por hacer su trabajo. Si realmente está comprometido a resolver el problema, intente asignarse la culpa a usted mismo. No puede mantener su trabajo si deja de contarle a su jefe cosas que eran responsabilidad de otros.

Gestión convincente, sabes lo que estás haciendo

Incluso si las empresas intentan ser modernas y adaptarse a los cambios en la industria de manera rápida, fundamentalmente, la mayoría de las empresas todavía funcionan de manera anticuada. La queja que ha expresado Strand es extremadamente común en los científicos de datos, y las posibilidades de que no se encuentre con un ejemplo de esto en su carrera son casi nulas. Un estudio reciente ha demostrado que ⅔ de todos los gerentes desconfían de los datos y prefieren entregar la toma de decisiones a su intuición, en lugar de confiar en los científicos.

Desafortunadamente, estos son generalmente gerentes de nivel medio, que tienen el poder suficiente para sentir que son importantes, pero no el poder suficiente para afectar las decisiones tomadas en una escala más amplia de toda la empresa. La mayoría de los científicos de datos se quedan atrapados trabajando para uno de estos al menos en un punto de su carrera.

Descubrirá que tiene que convencer a la gerencia de prácticamente cada nueva decisión que tiene que hacer. ¿Necesita una mejor recopilación de datos? ¿Está tratando de hacer un modelo financiero del gasto de la empresa para que pueda presupuestar en consecuencia? Bueno, muy mal, porque Steve de la gerencia ha decidido que su intuición supera eso. Incluso en el caso de que haya obtenido la aprobación para su proyecto, aún enfrentará desafíos para lograr que la administración funcione bien ... actúe en consecuencia. Incluso si su modelo mostró que su empresa gasta demasiado en marketing, buena suerte para convencer a sus gerentes de eso.

Es por eso que las habilidades en comunicaciones son tan útiles para cualquier rol relacionado con la ciencia de datos. Todas las habilidades analíticas del mundo serán inútiles si no hay nadie que actúe sobre ellas. Sus resultados no tendrán el más mínimo impacto en la empresa a menos que pueda involucrar a la alta gerencia lo suficiente con su discurso, presentación de datos, etc. Es por eso que es importante tener en cuenta las habilidades blandas, así como su capacidad para hacer presentaciones y visualizaciones de proyectos. Es mucho más fácil convencer a la administración si les está mostrando formas y figuras, en lugar de las hojas de cálculo de Excel. Intente ejecutar su presentación por un amigo que no tenga absolutamente ninguna habilidad técnica; esto le demostrará si su presentación está bien. Preste atención a las preguntas que se le plantean e intente abordarlas más claramente en la presentación.

A veces también es útil tratar de explicar sus ideas a un objeto inanimado. Esto le permite prestar atención a cómo habla, así como a cómo comunica los datos sin la necesidad de tener una persona real con usted allí.

Dicho esto, no te sientas mal si no funciona. Algunas veces sus gerentes simplemente elegirán no escuchar los datos, o decidirán que algo es simplemente más importante. Un caso relativamente reciente de esto fue cuando el análisis de datos mostró que las imágenes promocionales de Grace y Frankie funcionaron mejor sin la estrella del programa. El equipo de ejecutivos de Netflix tuvo que pensar en los pros y los contras de excluir a la protagonista, Jane Fonda, de las imágenes.

Al final, eligieron no hacerlo, en parte para no enojar al protagonista y en parte porque el programa sería más "icónico" si el protagonista estuviera presente, en lugar de si las imágenes promocionales se usaran exclusivamente como un anuncio.

Lo único afortunado aquí es que se trata de un problema en cascada. Si falla varias veces, es poco probable que la gerencia vuelva a confiar en usted. Por otro lado, si logra el éxito varias veces, aumentará su confianza en sus datos y será mucho más probable que confíe en proyectos importantes. Es una cuestión de elegir sus batallas, por así decirlo, trate de participar solo donde esté absolutamente seguro de que puede tener éxito.

La comunicación como solución.

Es posible que haya notado que el tema principal aquí es la comunicación, y lo es. Si bien su análisis de datos y su cartera son las cosas que le permitirán obtener el trabajo y realizarlo bien, el mero rendimiento no es suficiente. Para mejorar su vida cotidiana y su carrera más exitosa, debe practicar la comunicación y aprender a hablar con sus gerentes de la manera más efectiva posible.

Si está buscando perfeccionar sus habilidades de comunicación, no busque más allá de los mismos gerentes con los que tiene problemas. Tienden a ser bastante buenos para comunicarse con sus jefes, hablar con ellos y prestar atención a los términos y tácticas que usan pueden ser una excelente manera de aprender habilidades de comunicación.

Sobre todo, es importante practicar. Intente que cada correo electrónico suene más profesional, que cada mensaje sea más conciso y efectivo. De la misma manera que analiza en su trabajo, analiza su enfoque hacia su trabajo, piensa cuáles son las palabras más efectivas para usar y cuándo usarlas.

Conclusión

Después de todo lo dicho y hecho, una cosa que es importante entender es que los datos son algo que nos rodea. De hecho, todo lo que hacemos con los datos que tenemos , da lugar a nuevos datos!

Puede ser cualquier cosa, desde enviar un mensaje electrónico para recibir o enviar dinero, visitar sitios web o incluso publicar un artículo en su blog. Todo esto contribuye a un gran almacenamiento de datos. Hoy, los datos son algo cuyo valor no se puede medir. Pero, ¿qué son los datos sin análisis?

Bueno, la verdad es que no puedes tomar decisiones si no analizas esos datos. Con analítica de grandes datos , las organizaciones son capaces de utilizar los hallazgos en la creación de nuevas oportunidades de crecimiento. Es a través de datos y análisis que tenemos movimientos comerciales inteligentes, operaciones eficientes, altas ganancias y clientes satisfechos. La idea principal aquí es compartir nuestras perspectivas comerciales de una manera que avance el futuro a través de una mejor toma de decisiones.

Según las estadísticas, es evidente que los datos están aumentando a un ritmo muy rápido y la información también está creciendo. Si desperdiciamos datos, entonces lo que estamos haciendo es perder información valiosa. El análisis de datos ha permitido;

- Eficiencia mejorada

- En - profundidad de comprensión de la dinámica del mercado

- Reducción de costo

- Toma de decisiones más rápida y mejor

- Nuevos productos y servicios.

- Mayor conocimiento de la industria.

Confía en mí, ¡la lista es interminable! De hecho, el análisis de datos está realmente cambiando el mundo. No importa si se trata de negocios, deportes o solo de sus actividades diarias , ha alterado la forma en que las personas piensan y actúan.

¿Entonces que estas esperando? Levántese y aproveche el potencial ilimitado que la analítica de datos tiene para ofrecer. Todo lo que tiene que hacer es incorporar Python en su análisis y todo lo demás seguirá adelante.

¡Buena suerte!